财务报表分析

主　编　赵馨燕　罗云芳　聂顺江　马庆波
副主编　张　洁　刘恋华

哈尔滨工业大学出版社

内 容 简 介

本教材主要介绍了比较分析法、比率分析法等常用的财务报表分析方法,以及企业偿债能力、劳动能力、盈利能力及发展能力等方面的评价指标。此外,教材还介绍了较为前沿的体现战略思维的综合分析方法,如杜邦分析法、经济增加值法、平衡计分卡等,以使学生把握好前沿动态,具有更高的实践能力。

本书具有三大特色:第一,在传统的对公司偿债能力等四方面分析的基础上,注重介绍公司的综合分析方法,以此提升学生的综合分析和实践能力;第二,以一个公司的案例贯穿教材,形成一个较为完整的体系,方便学生对理论知识的深化理解;第三,从战略的视角对财务报表分析的作用进行诠释,以契合现代公司发展的理念。

本书可供高等院校经济类、管理类等相关专业的师生作为教材使用,也可作为非经管类学生的参考书目。

图书在版编目(CIP)数据

财务报表分析/赵馨燕等主编. —哈尔滨:哈尔滨工业大学出版社,2020.1

ISBN 978-7-5603-8638-6

Ⅰ.①财… Ⅱ.①赵… Ⅲ.①会计报表-会计分析-高等学校-教材 Ⅳ.①F231.5

中国版本图书馆 CIP 数据核字(2020)第 001136 号

策划编辑 王桂芝
责任编辑 张 荣 陈雪巍
出版发行 哈尔滨工业大学出版社
社　　址 哈尔滨市南岗区复华四道街10号 邮编150006
传　　真 0451-86414749
网　　址 http://hitpress.hit.edu.cn
印　　刷 黑龙江艺德印刷有限责任公司
开　　本 787mm×1092mm 1/16 印张10 字数240千字
版　　次 2020年1月第1版 2020年1月第1次印刷
书　　号 ISBN 978-7-5603-8638-6
定　　价 32.00元

(如因印装质量问题影响阅读,我社负责调换)

前　言

　　随着经济的快速发展及企业所面临竞争环境的日益激烈,企业利益相关者均需对企业有一个全面而科学的分析,财务报表分析课程应运而生。

　　财务报表分析课程在当今经济急剧发展、信息需求巨大的背景下,凸显了其实践的重要性,从而成为财会类本科生的必修课程,也成为非财会专业学生的备选课程。不仅如此,有关经济管理类的专业硕士在进行案例研究时,亦会大量用到财务报表分析方法。因此,无论是对财会类学生,还是对非财会类学生而言,该教材均起着重要的参考作用。作为会计及财务管理专业的核心课程,财务报表分析课程对于学生专业知识结构的建立及职业判断能力的提升均具有重要的意义。会计及财务管理专业的学生前期主修公共课程及专业基础课程,如初级会计学、中级财务会计、管理会计、成本会计及财务管理等。具有专业背景知识的人士才能了解企业的经营及管理,而财务报表分析在其中就起着桥梁和解读的作用,即通过财务报表分析,可以对企业的信息进行进一步的加工、汇总和深化,提炼出企业利益相关者需要的各种有助于预测及决策的信息,属于一种信息的解析。可见,财务报表分析对于投资者、债权人、政府等相关职能部门及企业内部的管理层而言都有获取重要信息的作用:投资者需要了解企业的盈利能力及发展潜力,以决定是否对企业投资或再追加投资;债权人更偏重于获得有关企业偿债能力的信息,以评估企业的信用风险及债权的安全性;政府等相关职能部门需要了解企业的经营合法性及企业财务信息的真实性,以对企业进行监管;企业内部的管理层则需要全面了解企业的生产经营状况,及时提升管理水平及财务业绩,以完成所有者对其的受托责任。因此,财务报表分析至少应提供有关企业盈利能力、偿债能力、发展能力、营运能力等方面的信息,在资本市场中将财务信息的作用充分发挥出来。

　　与其他课程相比,财务报表分析课程属于较新的课程,起步较晚。从内容体系结构上而言,也与其他财务会计类课程有所不同:内容上仁者见仁,结构体系上差异较大。无论如何,在认识上应避免一个误区,即不能认为财务报表分析课程就是仅仅计算比率。现代意义上的企业财务报表分析除了需要获得盈利能力、偿债能力、发展能力及营运能力等常规信息外,更应关注企业整体价值的提升,以及企业的综合财务能力;只有这些方面提升了,企业走的才是一种真正意义上的可持续发展之路,生存周期才会更长。而要提升企业价值,增强企业的综合财务能力,在现代经济急速发展的当今社会,需要企业以战略的视角全面审视企业;相应地,也需要企业以战略的视角进行财务报表分析。基于此,本教材主要介绍财务报表分析的常用方法及常用比率指标,以及当前主要的综合分析方法。具体而言,本教材包括比较分析法、比率分析法等方法;介绍如何从偿债能力、盈利能力、营运能力及发展能力对公司进行分析;并且还包括了体现战略思维的较为前沿的综合分析方法,如杜邦分析法、经济增加值法、平衡计分卡等,以使学生把握前沿动态,具有更高的实践能力。

本书具有三大特色:第一,在传统的对公司偿债能力等四方面分析的基础上,注重介绍公司的综合分析方法,以此提升学生的综合分析和实践能力;第二,以一个公司的案例贯穿教材,形成一个较为完整的体系,方便学生对理论知识的深化理解;第三,将从战略的视角对财务报表分析的作用进行诠释,以契合现代公司发展的理念。

在教材的编写过程中,云南民族大学管理学院院长聂顺江教授给予了大力的支持和指导;罗云芳副教授作为参编者之一,亦提供了相关的帮助和支持,在此表示由衷的感谢。除编者外,还要特意感谢我的硕士研究生丁凌、石美红、曹娟、袁艺、夏海贝及其他帮助校稿的硕士研究生。在写稿初期,这些学生搜集了大量案例资料,为编写工作的顺利开展做了充足的基础工作。

受编者水平限制,本书难免存在疏漏及不妥之处,恳请广大读者批评指正,以便再版、修订。

赵馨燕
2020 年 1 月

目 录

第一章　财务报表分析概述 ·· 1
第一节　财务报表分析的概念、作用及演变历程 ·································· 1
第二节　财务报表分析目标及分析框架 ··· 4
第三节　财务报表分析方法 ·· 8
第四节　财务报表分析中需注意的问题 ··· 18
本章小结 ·· 20
第一章章后习题 ·· 21

第二章　企业偿债能力分析 ·· 25
第一节　企业偿债能力概述 ··· 25
第二节　企业短期偿债能力分析 ··· 26
第三节　企业长期偿债能力分析 ··· 33
本章小结 ·· 39
第二章章后习题 ·· 40

第三章　企业营运能力分析 ·· 46
第一节　企业营运能力的内涵及衡量 ··· 46
第二节　企业营运能力分析 ··· 47
本章小结 ·· 54
第三章章后习题 ·· 54

第四章　企业盈利能力分析 ·· 58
第一节　企业盈利能力的基本内涵 ·· 58
第二节　企业盈利能力分析 ··· 59
第三节　盈利质量分析 ··· 74
本章小结 ·· 79
第四章章后习题 ·· 80

第五章　企业发展能力分析 ·· 87
第一节　企业发展能力的含义及影响因素 ··· 87
第二节　企业发展能力分析 ··· 88
本章小结 ·· 94
第五章章后习题 ·· 94

第六章　企业综合分析方法 …… 99
　　第一节　杜邦分析法 …… 99
　　第二节　沃尔比重评分法 …… 103
　　第三节　综合评分法 …… 104
　　本章小结 …… 112
　　第六章章后习题 …… 112

第七章　战略管理视域下的企业综合分析方法 …… 118
　　第一节　经济增加值法（EVA） …… 118
　　第二节　平衡计分卡 …… 122
　　本章小结 …… 131
　　第七章章后习题 …… 132

第八章　企业价值及评估方法 …… 138
　　第一节　企业价值的内涵及作用 …… 138
　　第二节　企业价值评估方法 …… 140
　　本章小结 …… 144
　　第八章章后习题 …… 144

参考文献 …… 151

第一章 财务报表分析概述

本章学习目标
(1) 了解财务报表分析的概念、作用及演变历程;
(2) 理解财务报表分析目标及分析框架;
(3) 掌握常见的财务报表分析方法,并掌握财务报表分析时应注意的事项。

第一节 财务报表分析的概念、作用及演变历程

掌握基本财务报表分析的知识与能力非常必要,它是连接企业与利益相关者之间最直接的工具,能够帮助财务报表使用者快速了解企业价值与公司活动之间的内在机理。

一、财务报表分析的概念

财务报表分析是以财务报表及其他资料为依据,采用一系列专门的分析技术和方法,对企业财务状况、经营成果及未来发展趋势等重要指标进行分析、评价和预测,为管理和投资决策提供依据的管理活动。

财务报表分析的基础资料是财务报表。《企业会计准则第30号——财务报表列报》所定义的财务报表,是指对企业财务状况、经营成果和现金流量的结构性表述,是对企业各项经济活动产生的经济后果的揭示。针对财务报表数据进行加工整理、分析和解释,向企业利益相关者反映企业真实的财务状况,才能及时准确地做出相应的决策。财务报表至少应当包括资产负债表、利润表、现金流量表、所有权益(或股东权益)变动表及附注,即"四表一注"。

二、财务报表报表分析的作用

财务报表分析的作用可归纳为四方面,简述如下。

(一) 财务报表分析可正确地评价企业的过去业绩

正确评价企业的过去,是描述现在及揭示未来的基础。财务报表分析通过对实际财务报表等资料的分析,能够客观地说明企业过去的业绩状况;而且,财务报表分析还能够指出企业当前存在的问题及其产生的原因,使各利益相关者正确评估企业当前的状况;不仅如此,财务报表分析还会对企业投资者和债权人的未来预测及决策行为产生客观影响。

(二) 财务报表分析可全面评价企业的现状

财务报表及相关资料是企业各项经营活动的综合反映。财务报表分析根据分析目的的不同,会设置不同的指标,从而得出不同的反映企业某一方面能力的指标群,以此反映

企业的现状。在实践中,一般在如下方面设置指标:企业资产结构方面;企业权益结构方面;企业支付能力方面;企业偿债能力方面;企业营运状况方面;企业获利能力方面等。上述这些分析对于全面评价企业的现状有着重要的意义。

(三)财务报表分析可用于预测、估计企业的未来

财务报表分析不仅可用于评价过去、反映现状,更重要的是它可以通过对过去及现状的分析,预测、估计企业的未来发展状况。财务报表分析对企业未来的预测及估计的作用,可以具体表现在如下三个方面:第一,可为企业未来的财务预测、财务预算及财务决策指明方向;第二,可准确评估企业的未来价值,这对企业进行经营者绩效评价、资本经营及产权交易均是有积极意义的;第三,可为企业财务危机预测提供必要的信息。

(四)财务报表分析有助于克服通用财务报表的一般局限性

财务报表分析打破了企业管理层在提供财务信息方面的垄断地位,构成了公司与外部信息交流的一个必不可少的环节,提供了针对具体使用者的差别信息,因此有助于减少信息不对称带来的诸多问题,克服了通用财务报表的一般局限性。

三、财务报表分析的演变历程

财务报表分析的演变历程可从国际及国内两方面进行梳理。

(一)国际上财务报表分析的演变历程

财务报表分析的产生与发展是社会经济发展到一定阶段的产物,贷款人、投资者、经营管理者等利益相关者对财务报表信息的不同需求显著影响着财务报表分析理论与实务以及财务报表分析的演变历程。从基本的发展脉络来看,企业财务报表分析是沿着如下的历程演变。

1. 银行方的信用分析阶段

财务报表分析起源于美国银行家对企业进行的信用分析。银行为确保发放贷款的安全性,一般要求企业提供资产负债表等资料,主要用于分析企业的流动资金状况、负债状况及资金周转状况,从而对企业的偿债能力进行评估。也正因为如此,信用分析又称为资产负债表分析。需要强调的是,企业较强的偿债能力(尤其是长期偿债能力)必须以良好的财务状况和雄厚的盈利能力为基础。现代企业的财务报表分析,不再只是对单纯的资产负债表进行分析,而是以利润质量分析为中心,向资产质量、资本结构质量、现金流量质量相辐射的分析方法演进。

实践中,银行方面经常联合采用若干种不同的方法对企业进行评估,从而做出是否贷款给企业的决策。从财务报表分析的角度来看,银行对中小企业往往重点考察其资产负债表;而对大型企业,银行则重点强调其盈利能力及可持续性。而从考察内容上看,银行方面一般在贷款信用分析过程中会侧重考察企业的"三品",即注重考察与企业信用状况密切相关的企业主要负责人的"人品"、企业贷款投向所代表的"产品"以及与贷款保障有关的"押品"。在这里,"人品"是影响企业财务报表编制质量及财务信息质量的重要因素。在银行界人士看来,"人品"质量不高的企业,其财务报表的可信度会大大降低。"产品"的内在盈利能力及可持续发展状况则是考察企业贷款投向有效性的重要方面。如果贷款的投向不明，风险过高，将直接威胁银行贷款的安全。而"押品"则是对企业信用的一种保障。

2. 投资者的投资分析阶段

银行对企业进行信用分析的结论不仅为银行本身所利用，而且也对企业投资者意义重大。投资者的分析目的是期望从投资中获得预期收益，因此为确保和提高投资收益，众多投资者均需利用银行方面的各分析资料进行投资决策，财务报表分析由信用分析阶段进入了投资分析阶段；相应地，报表分析的主要任务也从稳定性分析过渡到了收益性分析。

需要注意的是，对企业财务报表的分析由稳定性分析转变为收益性分析，并非后者对前者的否定，而是一种扬弃，是以投资分析为中心的两种分析目的并存的阶段，财务报表分析作为评价财务状况的基础在投资领域应用得越来越普遍。由于盈利能力的稳定性是企业经营稳定性的重要方面，企业的流动性在很大程度上依赖于盈利能力，因此随着对企业盈利能力稳定性分析的深化，收益性分析也成了稳定性分析的重要组成部分。这时的稳定性分析，其内涵不仅包括企业支付能力的稳定性，而且还包括企业收益能力的稳定性。于是，财务分析又向着以收益性为中心的稳定性分析方向发展，逐步形成了目前企业财务报表分析的基本框架。

3. 企业的自我内部分析阶段

财务报表分析领域随着企业经营环境的变化及经营管理者管理意识的不断提升而拓展，已不仅仅局限于初期的银行信贷分析和之后的投资分析，开始由利益相关者的外部分析阶段转向企业的自我内部分析阶段。

在企业财务报表分析的初始阶段，财务报表分析一般是外部分析，即企业外部利益相关者根据各自的需求进行分析。之后，在接受银行的分析与咨询过程中，企业逐步认识到财务报表分析的重要性，开始由被动地接受分析转变为主动地进行自我内部分析。第二次世界大战后，企业规模不断扩大，经营活动日趋复杂；为了在激烈的市场竞争中求生存、图发展，企业不得不借助于财务报表所提供的有关资料进行"资讯导向""目标管理""利润规划"及"前景预测"等分析。上述情况说明，企业财务报表分析开始由外部分析阶段向自我内部分析阶段拓展。

在企业的自我内部分析阶段，财务报表分析表现出两个显著特征：第一，企业的内部分析内容不断扩展和深化，成为财务报表分析各方面的重心；第二，分析所需的资料较为丰富，为分析领域的拓展、分析效果的提升及分析技术的发展提供了前提条件。通过企业的自我内部财务报表分析，可以掌握企业的财务状况，进而判断企业的经营管理水平，为之后的预测及决策服务。不过，无论是外部分析还是内部分析，进行财务报表分析时所用的资料都主要来源于企业对外公布的财务报表。

（二）我国财务报表分析的演变历程

我国颁布的新会计准则体现了与国际会计准则接轨的基本理念，资产负债表观念日益受到重视。也就是说，企业的利润多少取决于资产和负债的变化结果。在此情况下进行财务报表分析，必将增加对企业资产负债表中资产和负债的质量和价值的关注，强化资产和负债的规模、结构、质量等与企业利润规模、结构、质量内在规律性联系的分析。

1. 非独立性的经济活动分析阶段

中华人民共和国成立后,在计划经济体制下,我国学习苏联在经济管理和会计核算等方面的做法和经验,财务报表分析一直是作为企业经济活动分析的一个新的组成部分而存在和发展,非独立性特征较为明显,其在加强企业管理、提高经济效益方面起着积极的作用。在统收统支的计划经济体制下,经济活动分析的基本任务是分析企业经济活动各项计划的完成情况,在经济活动分析中占有一定地位。

2. 独立学科体系的建立阶段

改革开放之后,随着企业经营自主权的扩大,财务报表分析引起了越来越多的利益相关者的重视,不仅在分析内容方面得到了充实和拓展,而且在财务管理和管理会计等学科中都增加了财务报表分析的知识点。为适应市场经济的发展,独立的财务报表分析体系亟待建立。相关学者在借鉴国外学科体系的基础上,构建了独立的财务报表分析体系,推动了学科理论及实践的发展。

3. 报表分析体系不断完善阶段

随着我国社会主义市场经济体制的建立、发展与完善,我国的宏观经济环境和微观经济体制都发生了很大的变化。在现代企业制度下,企业的所有者、债权人、经营者和政府经济管理者都要站在各自的立场上,或从各自的目的和利益出发,关心企业的经营状况、财务状况和经济效益。国家在宏观经济政策和环境方面也为他们分析和掌握企业的经营和财务状况创造了条件。例如,统一了财务会计制度,完善了财务会计信息披露制度,建立了产权清晰的企业制度等。在新会计准则条件下,企业财务报表分析将更加强调对企业财务状况质量的分析。因此,从发展趋势和现实要求两方面来看,对企业财务状况的质量分析将成为财务报表分析的发展方向之一。围绕财务状况质量展开的资产质量、资本结构质量、利润质量及现金流量质量等方面的分析将构成财务报表分析的核心内容。另外,对企业进行综合性的分析与评价亦成为财务报表分析体系日臻完善的另一个标志。

第二节 财务报表分析目标及分析框架

一、财务报表分析目标

财务报表分析目标受财务报表分析主体和其服务对象制约。财务报表分析主体包括投资者、经营者、债权人、政府等职能部门等;不同的报表使用者其财务报表分析的目标是不尽相同的。

(一)财务报表分析的总体目标

财务报表分析的总体目标是:了解企业常规性的基本信息及特殊性的信息。

1. 企业常规性的基本信息

企业常规性的基本信息包括如下内容:

(1)收益能力;

(2)资产经营效率;

(3)企业的短期偿债能力;

(4)资本结构或企业的长期偿债能力。

除此以外,还有两类常规性的基本信息比较受各方关注:第一,是企业现金流量表的相关信息,因为现金流量在对企业常规性的报表分析中起着更为有效的识别作用;第二,随着资本市场的蓬勃发展,结合资本市场价值的相关信息亦变得非常重要。

2. 企业特殊性的信息

除此以外,通过财务报表分析还可以了解有关企业如下的特殊性或专题性的信息:信贷分析、企业业绩评价、企业价值评估、财务舞弊分析、企业财务失败预测等。

(二)财务报表分析的具体目标

财务报表分析尽管基本目标是相同的,但是分析主体不同,其侧重点也不尽相同。一般而言,将财务报表分析主体分为投资者、债权人、企业经营管理者、政府等职能机构、供应商、顾客等,以下将分述其分析目标。

1. 投资者的分析目标

投资者是指企业的所有者或潜在投资者,其财务报表分析的目标如下所述。第一,分析企业的盈利能力,评价预期收益的实现程度,合理进行投资决策;企业盈利能力是投资者财务报表分析关注的核心内容,如果企业不能带给他们足够盈利,投资者也就不可能有足够资金去投资。第二,分析企业的经营业绩,评价企业管理人员受托责任的履行情况,包括评价受托经营者管理水平,合理进行薪酬与人事决策等。第三,分析企业的偿债能力,评价企业的理财环境,正确进行筹资决策,企业偿债能力决定了企业财务环境的优劣。第四,分析企业的资本结构,评价企业财务风险,正确进行筹资决策;因为企业的资本结构决定了企业财务风险的类型,以及资金取得渠道。

2. 债权人的分析目标

债权人是指向企业提供债务资金的经济组织或个人,企业债权人既包括企业借款的银行、金融机构,也包括购买企业债券的单位及个人。银行等债权人一方面从各自经营目标或收益目标出发会将资金贷给企业;另一方面又要求企业按时足额还本付息,以便从贷款企业方获得到相应的报酬或收益。因此,债权人进行财务报表分析的主要目标是:第一,分析营运资金,从流动资产的构成及其变现速度方面进行分析,以了解企业的短期偿债能力;第二,分析资本结构状况,以便了解企业的长期偿债能力;第三,分析企业的获利能力,以了解企业还本付息资金来源的保障程度。债权人关注企业是否保持盈利,若企业盈利,利息支付就有来源,债务就能得到及时的清偿。

3. 企业经营管理者的分析目标

企业经营管理者主要指企业的经理及各分厂、部门、车间等的管理人员,他们进行财务分析的目标是综合的、多方面的。从对企业所有者负责的角度及其增加自身薪酬角度考虑,企业经营管理者都十分关注盈利的原因及利润形成过程。因此,企业经营管理者的财务报表分析目标包括三方面的内容。第一,考核企业经营计划和财务计划完成情况,评价经营责任的履行效果;这一目标主要是通过各财务指标的实际数与计划对比分析,以评价其完成情况,总结经验,改善后续的管理,提高经营质量。第二,分析评价企业财务状况,提高财务管理水平;企业的经营管理者对财务报表分析的重点是企业的财务状况,因为良好的财务状况是生产顺利进行的基础,通过对财务报表进行分析和研究,评价企业财务状况,找出问题所在,为改善和提高财务管理水平提供依据。第三,分析评价企业资源利用效率,增强企业市场竞争力;通过对资金周转分析,加强资金利用效率分析,改进或加强企业内部管理与控制,不断提高经营决策水平。

4. 政府等职能机构的分析目标

政府等职能机构是指政府的税务机关、物价、财政、审计、工商行政管理机关及国有资产管理机构等。政府等职能机构进行财务报表分析的目标包括如下五方面的内容:第一,实行宏观经济调控;第二,用于企业税收(特别是所得税)的分析目标;第三,用于管制某些特定行业;第四,为了监督、检查国家的各项经济政策、法规、制度在企业单位的执行情况;第五,为了保证企业财务会计信息和财务分析报告的真实性、准确性,并为宏观决策提供可靠信息。

5. 供应商及顾客的分析目标

供应商及顾客是指与企业生产经营有关的单位或个人等;其进行财务报表分析的主要目标在于了解并评估企业的信用状况,包括商业上的信用和财务上的信用。商业信用是指按时、按质完成各种交易行为;而财务信用则指及时清算各种款项。企业信用状况分析,首先可通过对企业支付能力和偿债能力的评估得出结论;其次,可根据对企业利润表中反映的企业交易完成情况进行分析判断;再者,财务报表分析在帮助供应商评估企业长期生存能力、偿债能力等方面发挥着重大的作用;最后,财务报表信息能够帮助顾客预测企业生存与发展的可能性,评估产品价格的合理性和售后继续提供维修、调换等服务的能力等。

综上所述,财务报表的使用者是多方面的,其对财务报表的需求也各不相同,形成了财务报表分析的不同利益相关者,进而产生不同的财务报表分析目标。可将上述财务报表分析主体及其所关注的内容归纳形成表1.1。

表1.1 财务报表分析主体及财务报表分析目标

财务报表分析主体	财务报表各分析主体的分析目标
投资者	企业的盈利能力、经营业绩等
债权人	允许的信贷水平(提高或降低信贷)
企业经营管理者	公司产品或劳务的定价决策、公司活动水平(销售/生产/研究和开发等)
政府等职能机构	宏观经济调控;税收;管制;监督、检查等
供应商及顾客	公司提供的消费品或劳务

资料来源:根据分析内容自行整理所得。

二、财务报表分析框架

(一)企业经营与财务报表的关系

企业经营与财务报表之间的关系有两点,简述如下。

第一,企业的经营活动是企业按照其发展战略与其外部环境所进行的资金、物资、信息的交流活动,企业的经营战略和经营环境直接影响企业经营活动的结果,从而影响财务报表的分析及分析结论。

第二,财务报表分析不能脱离企业的经营活动和经营环境。企业经营活动纷繁复杂、包罗万象,难以逐一外报,财务报表分析在其中起着解释和说明的作用,不能脱离企业的经营活动和经营环境。但是,解释企业的经营活动可能会泄露企业的商业秘密,从而损害企业的竞争地位;因此,财务报表分析要在企业经营活动的基础上遵循一定的分析规则进行解释。

(二)财务报表分析原则及框架

1. 财务报表分析原则

要得到有效的企业财务报表分析,必须首先了解企业所处的经营环境和会计环境,分析企业经营范围和竞争优势,识别机会和风险,对企业获取收益能力的可持续性做出合理的判断,这正是企业战略分析的关键所在。进行财务报表分析,必须遵循如下原则:第一,全面性原则,即对企业进行财务报表分析时,应全面地看待和分析企业,企业的优势及劣势、近期与远期均应顾及,避免以偏概全;第二,联系性原则,即在进行财务报表分析时,会侧重于分析企业的某一方面的能力,但是应以全面的视角将其与其他能力关联起来进行分析,以寻求企业各方面的因果联系;第三,定性与定量相结合的原则,即在对企业进行财务报表分析时,既要进行诸如比率指标的量化分析,也要进行性质上的判定,二者相结合的财务报表分析结论更具有科学性和合理性。通过财务分析揭示企业的偿债能力、盈利能力、营运能力和发展能力等,可以评估公司当前的业绩及业绩的可持续性。在财务报表分析的基础上,利用财务分析的结果可以对企业未来的风险与价值作出判断,从而预测企业的未来发展前景。

2. 财务报表分析框架

财务报表分析是一个理论体系,其分析框架如图1.1所示。

以下将根据财务报表分析框架论述其内容。

首先,在进行财务报表分析前,确定分析目的、范围,搜集、核实有关材料作为前期准备,并对企业的经营环境和会计环境进行分析;如果财务报表分析者不清楚企业所处的经营环境、经营战略和相关的会计环境与会计政策,那么将难以理解企业经营活动的实质,难以掌握企业的真实情况。

其次,分别对企业的风险、盈利能力、发展情况进行分析。企业风险分析包括资产流动性与短期偿债能力分析、资本结构与长期偿债能力分析。企业盈利能力分析主要包括资本结构与营运能力分析、盈利能力与盈利质量分析。企业发展情况分析主要为发展能力分析。战略管理视域下的企业综合分析是对企业风险、盈利、发展分析的深化和补充。企业价值分析是连同上述各驱动要素分析共同实现财务报表分析。

最后,对企业未来的风险与价值做出判断。从而对企业未来的风险及其价值变化做出预测性判断。

上述的财务报表分析框架结构的特点在于,能够以战略的视角对企业进行财务报表分析,分析框架更具有全面性与可靠性。

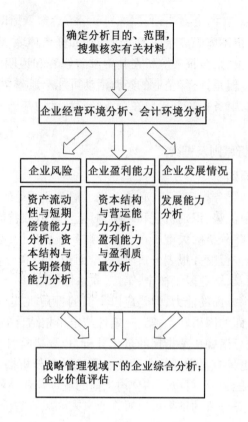

图 1.1　财务报表分析框架

（资料来源：根据本书理论自行整理）

第三节　财务报表分析方法

对企业的财务报表进行分析，需要用专门的财务报表分析方法才能对企业真实的情况进行反馈和解析。以下将介绍几种常见的财务报表分析方法。

一、比较分析法

比较分析法，即将被评价企业的评价目标与设定的某一标准进行对比分析，以得出被评价企业某一方面的评价结果。比较分析法是最基础、最重要的一种财务报表分析方法，根据比较维度的不同可将其划分为横向比较法和纵向比较法两种。

（一）横向比较法

横向比较法又称水平分析法，将实际计算的结果与某一标准（即某一财务指标数期数据）进行比较。在比较时，可以用相对数进行比较，也可以用绝对数进行比较。

横向比较分析法经常采用的一种形式是编制比较财务报表。比较财务报表是将最近两三期或数期的报表并列编制而成的报表。为了便于分析者分析与掌握变化动向，比较财务报表除列示各期报表的金额外,通常还列示增减金额及增减百分率。

例1.1 根据W集团2016年及2017年两年的资产负债表和利润表的数据,编制其比较资产负债表和比较利润表,具体见表1.2和表1.3。

表1.2 W集团合并资产负债表水平分析表

单位:百万元

项目	2017年	2016年	规模变动情况	
			增减额	增减率/%
流动资产				
货币资金	174 121	87 032	87 089	100.07
应收账款	1 433	2 075	-642	-30.94
预付款项	73 017	50 263	22 754	45.27
其他应收款	163 250	105 435	57 815	54.83
存货	598 088	467 361	130 727	27.97
其他流动资产	722	8 671	-7 949	-91.67
流动资产合计	1 017 553	721 295	296 258	41.07
非流动资产				
可供出售金融资产	1 341	1 328	13	0.98
长期股权投资	81 224	61 702	19 522	31.64
投资性房地产	28 811	21 874	6 937	31.71
固定资产	7 099	6 811	288	4.23
在建工程	1 022	765	257	33.59
无形资产	1 438	1 260	178	14.13
商誉	206	202	4	1.98
长期待摊费用	2 066	960	1 106	115.21
递延所得税资产	9 651	7 199	2 452	34.06
其他非流动资产	14 936	7 277	7 659	105.25
非流动资产合计	147 794	109 379	38 415	35.12
资产总计	1 165 347	830 674	334 673	40.29
流动负债				
短期借款	16 109	16 577	-468	-2.82
应付票据	3 330	3 604	-274	-7.60
应付账款	173 439	138 048	35 391	25.64
预收款项	407 706	274 646	1 330 60	48.45

续表1.2

项目	2017年	2016年	规模变动情况	
			增减额	增减率/%
应付职工薪酬	4 930	3 840	1 090	28.39
应交税费	10 775	9 553	1 222	12.79
应付利息	995	378	617	163.23
其他应付款	182 887	106 580	76 307	71.60
一年内到期的非流动负债	46 164	26 773	19 391	72.43
流动负债合计	847 355	579 998	267 357	46.10
非流动负债				
长期借款	96 029	56 406	39 623	70.25
应付债券	32 323	29 108	3 215	11.05
预计负债	160	119	41	34.45
递延所得税负债	266	504	−238	−47.22
其他非流动负债	2 541	2 862	−321	−11.22
非流动负债合计	131 318	88 999	42 319	47.55
负债合计	978 673	668 998	309 675	46.29
股东权益				
实收资本(或股本)	11 039	11 039	0.00	0.00
资本公积	8 329	8 268	61	0.74
盈余公积	35 900	32 541	3 359	10.32
未分配利润	77 172	61 200	15 972	26.10
归属于母公司股东权益合计	132 675	113 445	19 230	16.95
少数股东权益	53 999	48 232	5 767	11.96
股东权益合计	186 674	161 677	24 997	15.46
负债和股东权益合计	1 165 347	830 674	334 673	40.29

说明:由于四舍五入,个别数值存在误差,以下各表情况相同。

从表1.2可以看出,W集团2017年总资产比2016年末增加334 673百万元,增长幅度为40.29%,表明该集团2017年资产规模增长较为迅速,其中:流动资产比2016年末增加296 258百万元,增长41.07%,流动资产增长的主要原因是货币资金、其他应收款及预付款项的增加;非流动资产比2016年末增加38 415百万元,增长35.12%,增长的主要原因是长期待摊费用和其他非流动资产的增加。

W集团2017年权益总额增加的主要原因是:(1)总负债比2016年末增长46.29%。其中,流动负债增加267 357百万元,增长46.10%,增长的主要原因是应付利息、其他应付款以及一年内到期的非流动负债增加;非流动负债增加 42 319 百万元,增长 47.55%,增长的主要原因是长期借款的增加。(2)股东权益比 2016 年末增长 15.46%,增长的主要原因是未分配利润的增加。

表 1.3　W 集团合并利润表水平分析表

单位:百万元

项目	2017 年	2016 年	规模变动情况	
			增减额	增减率/%
营业收入	242 897	240 477	2 420	1.01
减:营业成本	160 080	169 742	-9 662	-5.69
营业税金及附加	19 722	21 979	-2 257	-10.27
销售费用	6 262	5 161	1 101	21.33
管理费用	8 866	6 801	2 065	30.36
财务费用	2 075	1 592	483	30.34
资产减值损失	1 319	1 193	126	10.56
投资收益	6 245	5 014	1 231	24.55
资产处置损益	5	2	3	150.00
营业利润	50 813	39 022	11 791	30.22
加:营业外收入	723	397	326	82.12
减:营业外支出	394	165	229	138.79
利润总额	51 142	39 254	11 888	30.28
减:所得税费用	13 934	10 903	3 031	27.80
净利润	37 208	28 350	8 858	31.25
归属于:				
母公司股东	28 052	21 023	7 029	33.43
少数股东	9 157	7 328	1 829	24.96
每股收益				
基本每股收益	2.54	1.90	0.64	33.68
稀释每股收益	2.54	1.90	0.64	33.68
其他综合收益(损失)	201	39	162	415.38
综合收益总额	37 008	28 311	8 697	30.72
归属于:				
母公司股东	27 890	20 908	6 982	33.39
少数股东	9 117	7 343	1 774	24.16

从表 1.3 可以看出,W 集团 2017 年度的营业收入为 242 897 百万元,与 2016 年相比

增长 1.01%,增长规模较小;2017 年实现净利润 37 208 百万元,增长 31.25%,主要原因是 2017 年度营业成本降低。

(二)纵向比较法

纵向比较分析法又称垂直分析法或动态分析法,即以资产负债表、利润表等财务报表的某一关键项目为基数项目,将其金额视为 100,根据其他项目表示的金额分别计算出其占关键项目金额的百分比,这个百分比则表示各项目的比重,通过比重及其变化情况对各项目做出判断和评价。

纵向比较分析法在实务中通常通过编制共同比财务报表(垂直分析表)完成,是纵向分析的一种重要形式。其中,资产负债表的共同比财务报表通常以资产总额为基数。利润表的共同比财务报表通常以营业收入总额为基数。

以 W 集团为例,其合并资产负债表垂直分析表见表 1.4;合并利润表垂直分析表见表 1.5。

表 1.4 W 集团合并资产负债表垂直分析表

单位:百万元

项目	2017 年	2016 年	结构(占总资产的比重/%)		
			2017 年	2016 年	变动情况
流动资产					
货币资金	174 121	87 032	14.94	10.48	4.46
应收账款	1 433	2 075	0.12	0.25	-0.13
预付款项	73 017	50 263	6.27	6.05	0.22
其他应收款	163 250	105 435	14.01	12.69	1.32
存货	598 088	467 361	51.32	56.26	-4.94
其他流动资产	722	8 671	0.06	1.04	-0.98
流动资产合计	1 017 553	721 295	87.32	86.83	0.49
非流动资产					
可供出售金融资产	1 341	1 328	0.12	0.16	-0.04
长期股权投资	81 224	61 702	6.97	7.43	-0.46
投资性房地产	28 811	21 874	2.47	2.63	-0.16
固定资产	7 099	6 811	0.61	0.82	-0.21
在建工程	1 022	765	0.09	0.09	0
无形资产	1 438	1 260	0.12	0.15	-0.03
商誉	206	202	0.02	0.02	0
长期待摊费用	2 066	960	0.18	0.12	0.06
递延所得税资产	9 651	7 199	0.83	0.87	-0.04

续表1.4

项目	2017年	2016年	结构(占总资产的比重/%)		
			2017年	2016年	变动情况
其他非流动资产	14 936	7 277	1.28	0.88	0.4
非流动资产合计	147 794	109 379	12.68	13.17	−0.49
资产总计	1 165 347	830 674	100.00	100.00	0.00
流动负债					
短期借款	16 109	16 577	1.38	2.00	−0.62
应付票据	3 330	3 604	0.29	0.43	−0.14
应付账款	173 439	138 048	14.88	16.62	−1.74
预收款项	407 706	274 646	34.99	33.06	1.93
应付职工薪酬	4 930	3 840	0.42	0.46	−0.04
应交税费	10 775	9 553	0.92	1.15	−0.23
应付利息	995	378	0.09	0.05	0.04
其他应付款	182 887	106 580	15.69	12.83	2.86
一年内到期的非流动负债	46 164	26 773	3.96	3.22	0.74
流动负债合计	847 355	579 998	72.71	69.82	2.89
非流动负债					
长期借款	96 029	56 406	8.24	6.79	1.45
应付债券	32 323	29 108	2.77	3.50	−0.73
预计负债	160	119	0.01	0.01	0
递延所得税负债	266	504	0.02	0.06	−0.04
其他非流动负债	2 541	2 862	0.22	0.34	−0.12
非流动负债合计	131 318	88 999	11.27	10.71	0.56
负债合计	978 673	668 998	83.98	80.54	3.44
股东权益					
实收资本(或股本)	11 039	11 039	0.95	1.33	−0.38
资本公积	8 329	8 268	0.71	1.00	−0.29
盈余公积	35 900	32 541	3.08	3.92	−0.84
未分配利润	77 172	61 200	6.62	7.37	−0.75
归属于母公司股东权益合计	132 675	113 445	11.39	13.66	−2.27
少数股东权益	53 999	48 232	4.63	5.81	−1.18

续表1.4

项目	2017年	2016年	结构(占总资产的比重/%)		
			2017年	2016年	变动情况
股东权益合计	186 674	161 677	16.02	19.46	-3.44
负债和股东权益合计	1 165 347	830 674	100.00	100.00	0.00

从W集团的资产结构可以看出：(1)该集团2017年流动资产的比重为87.32%，非流动资产的比重为12.68%，主要原因在于该企业为房地产开发企业，存货占该集团总资产比重较大。(2)该集团2017年股东权益比重为16.02%，负债比重为83.98%，资产负债率较高，发生财务风险的可能性较大。

这样的财务结构是否合适，仅凭以上分析难以做出判断，应结合趋势分析和同行业比较分析具体说明公司资本结构是否合理，并判断公司的财务风险。

表1.5 W集团合并利润表垂直分析表

单位：百万元

项目	2017年	2016年	结构(占营业收入的比重/%)		
			2017年	2016年	变动情况
营业收入	242 897	240 477	100.00	100.00	0.00
减：营业成本	160 080	169 742	65.90	70.59	-4.69
营业税金及附加	19 722	21 979	8.12	9.14	-1.02
销售费用	6 262	5 161	2.58	2.15	0.43
管理费用	88.66	6 801	0.04	2.83	-2.79
财务费用	2 075	1 592	0.85	0.66	0.19
资产减值损失	1 319	1 193	0.54	0.50	0.04
加：投资收益	6 245	5 014	2.57	2.09	0.48
资产处置损益	5	2	0.00	0.00	0.00
营业利润	50 813	39 022	20.92	16.23	4.69
加：营业外收入	723	397	0.30	0.17	0.13
减：营业外支出	394	165	0.16	0.07	0.09
利润总额	51 142	39 254	21.06	16.32	4.74
减：所得税费用	13 934	10 903	5.74	4.53	1.21
净利润	37 208	28 350	15.32	11.79	3.53
归属于：					
母公司股东	28 052	21 023	11.55	8.74	2.81
少数股东	9 157	7 328	3.77	3.05	0.72

续表1.5

项目	2017年	2016年	结构(占营业收入的比重/%)		
			2017年	2016年	变动情况
每股收益					
基本每股收益/元	2.54	1.90	0.00	0.00	0.00
稀释每股收益/元	2.54	1.90	0.00	0.00	0.00
其他综合收益(损失)	201	39	0.08	0.02	0.06
综合收益总额	37 008	28 311	15.24	11.77	3.47
归属于:					
母公司股东	27 890	20 908	11.48	8.69	2.79
少数股东	9 117	7 343	3.75	3.05	0.70

根据表1.5可以对W集团2017年度各项财务成果的构成情况进行分析：营业利润占营业收入的比重为20.92%,比上年增加了4.69%；利润总额的比重为21.06%,比上年增加了4.74%；净利润的比重为15.32%,比上年增加了3.53%。从利润构成情况看，公司的盈利能力较上年有所提高，经营状况较好。

二、比率分析法

比率分析法(Ratio Analysis Approach)是把某些彼此存在关联的财务指标相除，计算出某一比率，据以分析经济活动情况的分析方法。比率分析法的作用包括如下几个方面：第一，由于比率是相对数，采用这一种方法，能够把某些条件下的不可比指标变为可以比较的指标，将复杂的财务信息加以简化，以利于进行分析；第二，它揭示了报告内有关项目(有时还包括表外项目，如附注中的项目)之间的相关性，实际上产生了许多新的、在决策中更为有用的信息。

比率分析法在财务报表实务分析中占据着十分重要的位置，是对企业进行财务报表分析时常用的方法之一；之后对企业进行偿债能力分析、营运能力分析、盈利能力分析、发展能力分析及综合财务分析时，比率分析在其中发挥着重要作用。本教材之后所介绍的章节内容，大都采用了比率分析法进行财务报表分析。

三、因素分析法

因素分析法(Factor Analysis Approach)又称连环替代法，是用来确定几个相互联系的因素对分析对象——综合财务指标或经济指标的影响程度的一种分析方法。采用这种方法的前提在于，当有若干因素对分析对象产生影响时，假设其他各个因素都无变化，按顺序确定每个因素单独变化所产生的影响。

例1.2 某工业公司甲产品的材料消耗情况见表1.9。要求：试用连环替代法对材料消耗总额差异进行分析。

表1.6 某工业公司甲产品的材料消耗情况表

项目	上年	本年	差异
产品产量/台	2 000	2 300	300
单位产品消耗：			
消耗量/kg	18	15	−3
材料单价/元	4	5	1
材料消耗总额/元	144 000	172 500	28 500

分析过程如下所示。

第一，分析对象为材料消耗总额，它受产品产量、单位产品材料消耗量和材料单价三个因素的影响。根据这三个因素与材料消耗总额之间的数量关系，可列下式：

材料消耗总额=产品产量×单位产品材料消耗量×材料单价

根据公式计算总差异数为：

材料消耗总差异数=2 300×15×5−2 000×18×4=28 500

第二，进行连环替代，计算各因素对材料消耗总额变化的影响程度和方向：

①上年材料消耗总额：2 000×18×4=144 000(元)
②第一次替代：2 300×18×4=165 600(元)
③第二次替代：2 300×15×4=138 000(元)
④第三次替代：2 300×15×5=172 500(元)

第三，利用上述计算结果，测定产品产量、单位产品材料消耗量和材料单价变动对材料消耗额的影响。

产量变动对材料消耗额的影响数=②−①=165 600−144 000=21 600(元)
单耗变动对材料消耗额的影响数=③−②=138 000−165 600=−27 600(元)
单价变动对材料消耗额的影响数=④−③=172 500−138 000=34 500(元)

材料消耗总差异额=产量变动对材料消耗额的影响数+单耗变动对材料消耗额的影响数+单价变动对材料消耗额的影响数

=21 600 +(−27 600)+ 34 500
=28 500(元)

四、趋势分析法

趋势分析法(Trend Analysis Approach)又称水平分析法，是将两期或连续数期的财务报表中相同指标进行对比，确定其增减变动的方向、数额和幅度，以说明企业财务状况和经营成果的变动趋势的一种方法。趋势分析的目的在于确定如下几个方面：第一，引起财务和经营变动的主要项目；第二，变动趋势的性质是否有利；第三，预测未来的发展趋势。

采用趋势分析法，确定基期是至关重要的。基期的选择通常有两种：固定基期和移动基期，从而形成了定基趋势百分比法和环比趋势百分比法。

趋势分析法在实务中可以对两期数据进行差异分析，更多的是采用三年以上的数据进行趋势观察及分析预测。

第一章 财务报表分析概述

例1.3 W集团股份有限公司(简称W集团)2016年的净利润为28 350百万元，2017年的净利润为37 208百万元，2017年与2016年相比，净利润增加了8 858百万元。或者说，W集团2017年的净利润为2016年的131.25%，增加了31.25%，具体数据见表1.7。

表1.7 W集团2015～2017年营业收入及净利润差异分析表

单位：百万元

项目	2017年	2016年	规模变动情况		2015年
			增减额	增减率	
营业收入	242 897	24 0477	2 420	1.01%	195 549
净利润	37 208	28 350	8 858	31.25%	25 949

这是一种简单的横向比较，常用于差异分析。若要对企业进行更为准确的分析和预测，需要分析更长的期间。

例1.4 W集团2012～2017年连续六年的营业收入与净利润数据见表1.8。

表1.8 W集团2012～2017年营业收入及净利润基础财务数据表

单位：百万元

项目	2012	2013	2014	2015	2016	2017
营业收入	103 116	135 419	146 388	195 549	240 477	242 897
净利润	15 663	18 298	19 288	25 949	28 350	37 208

表1.8是W集团的基础财务数据表。如果以2012年作为基年，用各年的数值除以基年的数值，则可得出以下的定基趋势百分比，以表1.9列示如下。

表1.9 W集团2012～2017年营业收入和净利润定基变动趋势表

单位：%

项目	2012	2013	2014	2015	2016	2017
营业收入	100	131.30	141.97	189.58	233.22	235.55
净利润	100	145.82	153.71	206.77	225.90	296.49

表1.9的定基趋势百分比表明，与2012年相比，W集团六年内营业收入均呈现上升趋势，其中2017年比2012年增长了一倍多。同时，W集团六年内的净利润也呈现上升趋势，与2012年相比，2017年上升了196.49%。所以通过百分比不仅能清晰地看到总的趋势，而且也能够更加精确地表明各年的变化程度。由于基数年选择的恰当与否会直接影响分析者的判断和决策，因此在进行基数年的选择时应当注意选取的基数年是否具有代表性。

如果用分析期某指标数值除以前期某指标数值，则可得出以下的环比趋势百分比，结果见表1.10。

表1.10　W集团2012~2017年营业收入和净利润环比趋势百分比表

单位:%

项目	2013	2014	2015	2016	2017
营业收入	131.30	108.12	133.54	123.02	100.10
净利润	145.82	105.41	134.53	109.25	131.25

表1.10的环比趋势百分比表明,W集团2013~2017年的营业收入和净利润与上一年相比均呈现上升趋势,只是上升幅度不尽相同;其中,2014~2015年的营业收入及净利润的环比趋势上升幅度均较大,2016年之后上升幅度有所减弱,具体原因需根据W集团其他资料进行详细分析。

五、质量分析法

质量分析法(Quality Analysis Approach)是指以企业财务状况质量的主要方面——资产质量、资本结构质量、利润质量、现金流量质量为主要框架,以财务状况质量诸方面之间的内在联系及其与企业管理质量之间的内在联系为依据,对企业的财务状况质量进行分析的方法。在前面的四种分析方法中,其分析内容虽然有质量的因素,但并不是以财务状况质量分析为目标和导向。随着企业所处竞争环境的日益激烈,质量分析法在实践中的作用会愈发凸显。

第四节　财务报表分析中需注意的问题

财务报表是企业内外部相关人员了解企业财务状况、持续经营能力的重要资料。正因为如此,各个企业在年度财务决算时,需要对过去一年的财务报表进行分析。在对企业进行财务报表分析时,要特别注意以下几个问题。

一、财务指标本身存在一定的缺陷

财务报表分析者对常用的财务指标都会按部就班地进行计算和加工,但其作用及计算结果的精确性有待商榷。有些企业的财务报表数据表面看起来较为理想,无论是偿债能力指标、资产运营能力指标,还是盈利能力指标都令人满意,但是实际情况却不尽人意;相反,有些企业各方面的财务指标虽然看起来不令人满意,但实际情况是企业运营较为平稳没有太大的财务风险。这说明企业在进行财务报表分析时陷入了几个误区:第一,没有掌握企业的特有影响因素,以点概全;第二,注重财务数据,但对财务数据所折射出的企业财务本质并不能完全把握,业务素质较低的一些财务人员只会按公式计算指标,但对指标偏高或偏低的原因并不能进行深入的分析;第三,玩数字游戏,根据想要的预期结果操控企业的财务指标;第四,一些财务比率指标的设计存在着一定的缺陷,比如存货周转次数=主营业务成本÷平均存货,主营业务成本是企业因销售而结转库存商品所产生的,而存货既包括库存商品,也包括原材料和半成品,如此来看,该比率指标的分子与分母的口径不相同,通过这样的比率指标分析企业的经营活动就会有偏差。

二、偿债能力分析应与资产状况紧密结合

评价企业偿债能力,一般通过短期偿债能力指标和长期偿债能力指标进行。目前常用的短期偿债能力指标包括流动比率、速动比率、现金比率等;长期偿债能力指标包括资产负债率、产权比率、权益乘数、利息保障倍数等。企业在运用这些指标时,要注意结合企业资产的构成和资产质量进行综合考虑。企业的资产主要包括货币资金、交易性金融资产、应收票据、应收账款、存货、固定资产、无形资产、长期投资、在建工程等。企业是市场经济的细胞,其资产价值不但受供求规律和债权人经营状况的影响,而且受科技进步的影响较大。因此,在财务报表分析中不管应用哪个指标,不要迷信数据,而要理性看待数据背后的资产;在对企业的偿债能力进行分析时,应结合资产状况进行综合分析。

三、关注时点数据的可信度

目前,企业分析运营能力的指标主要有:总资产周转率、存货周转率、应收账款周转率等。这些指标的一个共同特点是:分子是时期数据,而分母是某时点数据;当分子一定时,降低分母就能粉饰指标。

例1.5 A公司2010年度销售收入12 000万元,各季末总资产占用额见下表1.11。

表1.11 A公司2010年度年初及各季末总资产占用额

单位:万元

年初数	第一季度末	第二季度末	第三季度末	第四季度末
8 000	9 000	10 000	8 500	7 800

如果资产占用额取年初、年末数据,则2010年总资产平均占用余额为7 900万元((8 000+7 800)÷2),总资产周转次数约为1.52次(12 000÷7 900);如果资产占用额取年初和各季末数据,则2010年总资产平均占用余额为8 850万元(8 000×0.5+9 000+10 000+8 500+7 800×0.5)÷4),总资产周转次数约为1.36次(12 000÷8 850)。

同一年的数据,为什么计算结果有如此大的差距?原因是计算资产占用总额的方法不同。假定行业值为1.4次,企业取年初、年末余额计算的总资产周转率就大于1.4次,但取各季末数据就小于行业值。实际上企业为达到一定目的,调整资产占用总额和结构不是一件复杂的工作,这就提醒财务报表分析者在进行财务报表分析时应关注时点数据的可信度。

四、注意财务比率指标分子与分母的口径一致问题

与医疗设备类似,财务分析指标是检查企业病因的一种手段。"基础不牢、地动山摇",在具体利用各财务分析指标时一定要把握数据的本质,注意分子与分母的口径一致问题。

比如在计算应收账款周转率这一比率指标时,分母"应收账款"是由企业赊销形成的,则用于计算应收账款周转次数的销售收入应该采用赊销收入,并以赊销收入做分子;但在实际工作中由于数据的不可获得性,一般用包括现销及赊销的全部销售收入来代替;

这样就造成分子与分母的口径不一致问题。再比如,存货周转次数=主营业务成本÷平均存货,分子"主营业务成本"是结转产成品的账面价值产生的,按照可比口径分母应该采用"平均产成品"而不是"平均存货";但在实际工作中一般采用包括原材料、产成品、系统存料在内的"平均存货"指标进行计算。这样由于分子和分母口径的不一致,计算出来的结果及相应的财务分析就会存在一定的偏差。

五、财务报表提供的负债信息与企业实际应承担的负债存在差异

财务报表是企业财务人员根据《企业会计准则》编制的,有些包含在财务报表"负债"项目中的债务是不需要企业支付的:比如企业按职工工资的2.5%计提的职工教育经费,尽管包含在了"应付职工薪酬"这一负债项目中,但不需要企业支付,并且如果企业清算时该科目有余额,应转入所有者权益项目。再比如有些政府补贴收入要先计入"递延收益"项目,然后根据权责发生制分期从"递延收益"转入损益项目。实际上,类似企业计提的费用和政府补贴,是不需要偿还的,从这个角度讲不属于企业真正意义上的负债。此外,有些经营性应付项目可以滚动存续,无须动用现金便可全部结清。因此,在进行财务报表分析时,应注意财务报表所提供的负债信息与企业实际应承担的负债是存在一定差异的。

六、经济增速减缓的情况下重视企业持续盈利能力和资产负债表外的信息

本质上,企业的生命力较为脆弱,作为债权人及投资者要"向前看",重视企业的持续盈利能力及资产负债表外的相关信息。

财务报表分析的一个主要特征便是事后分析,即根据过去的财务指标推测企业的未来趋势,此种做法存在一定的风险,尤其在世界经济急剧动荡的今天,关注企业的持续盈利能力往往比研究过去的指标更为有效。另外,企业的信用状况、融资能力、对外担保、社会责任、银行授信额度、企业的现金流等资产负债表外的信息,是至关重要的,在进行财务报表分析时要注意搜集。

总之,利用财务指标对企业财务状况进行分析评价,只是大概的估计。要搞清楚数据和指标背后的经济实质,就需要了解企业所处的内外部环境、资源、策略。只有深入实际,财务报表分析者才能认识经营活动的本来面目。在财务报表分析中要树立科学的态度,这样才能提高财务报表分析水平。

本章小结

财务报表分析是以财务报表及其他资料为依据,采用一系列专门的分析技术和方法,对企业财务状况、经营成果及未来发展趋势等重要指标进行分析、评价和预测,为管理和投资决策提供依据的管理活动。

财务报表分析目标受财务报表分析主体和其服务对象制约。财务报表分析主体包括投资者、经营者、债权人、政府等职能部门等;不同的报表使用者其财务报表分析的目标是不尽相同的。

财务报表分析方法主要包括比较分析法、比率分析法、因素分析法、趋势分析法以及质量分析法;每一种方法均有其优缺点及适用范围。财务报表分析者根据分析目标,恰当地选择报表分析方法,会起到较好的分析效果。

第一章章后习题

一、单项选择题

(1)财务报表分析的基础资料是(　　)。
A.资产负债表　　B.财务报表　　C.利润表　　D.现金流量表

(2)在进行趋势分析法时,通常采用的比较标准是(　　)。
A.计划数　　B.预定目标数　　C.以往期间实际数　　D.评估标准值

(3)在财务报表分析中,投资人是指(　　)。
A.企业的所有者　　B.社会公众　　C.金融机构　　D.顾客

(4)采用共同比财务报表进行比较分析的主要优点是(　　)。
A.计算容易　　B.可用于纵向比较　　C.可用百分比表示
D.能显示各个项目的相对性,能用于不同时期相同项目的比较分析

(5)以下哪个不是财务报表分析法?(　　)
A.因素分析法　　B.趋势分析法　　C.比率分析法　　D.节点分析法

二、多项选择题(备选项中至少有两个选项是正确的)

(1)财务报表应当包括(　　)。
A.利润表　　B.资产负债表　　C.所有者权益变动表
D.现金流量表　　E.财务报表附注

(2)财务报表分析有着广泛的用途,一般包括(　　)。
A.正确地评价企业过去的业绩
B.预测企业未来的财务状况
C.全面反映企业现状
D.预测企业未来的经营成果
E.为审计人员提供审计分析报告

(3)财务报表分析的对象是企业的基本活动,是指(　　)。
A.筹资活动　　B.经营活动　　C.投资活动
D.创新活动　　E.所有活动

(4)比较分析法根据维度的不同可以划分为(　　)。
A.水平分析法　　B.垂直分析法　　C.横向比较法
D.纵向比较法　　E.差异比较法

(5)以下哪些属于质量分析法的分析内容?(　　)
A.资产质量　　B.资本结构质量　　C.利润质量
D.现金流量质量　　E.所有者权益质量

三、判断并说明理由题(在括号中以√或×表示判断结果,并在次行说明理由)

(1)财务报表分析的基础资料是财务报表。(　　)

(2)财务报表分析目标受财务报表使用者和会计人员的制约。(　　)

(3)财务报表分析的总体目标是:了解企业的营运能力。(　　)

(4)财务报表分析的第一个阶段是企业经营环境分析及会计环境分析。(　　)

(5)比较分析法是最基层、最重要的一种财务报表分析法。(　　)

四、思考探究题

(1)什么是财务报表分析?其作用有哪些?
(2)财务报表分析在我国经历了怎样的演变历程?
(3)财务报表分析的框架是怎样的?请简述并说明。
(4)常用的财务报表分析方法有哪些?各有何特点?
(5)因素分析法的分析步骤有哪些?该方法的主要特点是什么?
(6)财务报表分析中需要注意的问题有哪些?为什么要关注这些问题?

五、案例分析题

G公司财务状况分析

从2012年起,塑化剂、酒驾入刑、贵州"禁酒令"等事件的陆续出现使白酒类企业遭受不同程度打击。五粮液的价格下降近三成,G公司某系列酒产品从2012年的2 300元/瓶跌至2015年的800元/瓶。尽管如此,近年来G公司的营业收入依旧可观,呈逐年上升趋势,该公司保持了快速发展和较高的利润率。本文对G公司2012~2017年财务报表从战略视角进行分析,以探索G公司快速发展的原因,结合2018年一季报对其未来发展能力进行分析。

G公司主要收入来源于高度茅台酒,茅台酒作为酱香型白酒,制作工艺独特,由于受天气、地理条件等自然因素限制,无法在短时间内实现机械化作业,导致其价高量少。茅台酒的消费群体主要是公款消费者、有地位和财力的高收入人群。后来随着社会发展,"三公"经费实现零增长,高端白酒就在公费采购的名单上消失。国酒虽销往国外多数国家,但其在口感和价位上都不能满足国外消费者,导致海外市场份额较少。

在面临宏观环境、行业环境、经营环境带来的巨大威胁下,公司充分发挥自身优势,把"弘扬国酒文化、追求卓越创新"落实到战略中,制定了多元化、差异化、集中化相结合的发展战略,采用"经销商+超市+云商"的销售模式。形成了低度、高中低档、极品三大系列200多个规格品种,全方位跻身市场,从而占据了白酒市场制高点,称雄于中国极品酒市场。

表 1.12　G 公司合并资产负债表部分项目

单位:亿元

项目	2015 年	2016 年	2017 年	2018 年
货币资金	368.00	668.50	878.70	1 121.00
应收票据	85.79	8.18	12.22	5.64
应收账款	23.08	—	—	—
预付账款	14.78	10.46	7.91	11.82
应收利息	0.85	1.41	2.42	—
其他应收款	0.48	0.77	2.73	3.94
存货	180.10	206.20	220.60	235.10
其他流动资产	—	2.32	0.38	1.40
流动资产合计	650.00	901.80	1 122.00	1 379.00
可供出售金融资产	0.29	0.29	0.29	0.29
固定资产净额	114.2	144.5	152.4	152.5
在建工程	48.95	27.46	20.16	19.54
无形资产	35.82	35.32	34.59	34.99
长期待摊费用	1.986	1.881	1.779	1.684
递延所得税资产	11.55	17.46	14.02	10.49
非流动资产合计	213.0	227.5	223.6	219.8
资产总计	863.0	1 129	1 346	1 598
短期借款	—	—	—	—
应付账款	8.810	10.41	9.921	11.78
预收账款	82.62	175.4	144.3	135.8
应付职工薪酬	9.755	16.29	19.02	20.35
应交税金	25.16	42.72	77.26	107.7
应付利息	0.274 1	0.344 8	0.234 1	—
其他应付款	14.23	17.25	30.63	34.05
流动负债合计	200.5	370.2	385.7	424.4
非流动负债合计	0.155 7	0.155 7	0.155 7	
负债合计	200.7	370.4	385.9	424.4

续表1.12

项目	2015年	2016年	2017年	2018年
股本	12.56	12.56	12.56	12.56
资本公积	13.75	13.75	13.75	13.75
盈余公积	62.11	71.36	82.16	134.4
未分配利润	548.8	627.2	800.1	959.8
归属于母公司股东权益合计	639.3	728.9	914.5	1 128
少数股东权益	23.08	30.04	45.68	45.70
股东权益合计	662.3	759.0	960.2	1 174
负债和股东权益总计	863.0	1 129	1 346	1 598

思考与讨论题

(1) 请说明衡量企业偿债能力、营运能力、盈利质量及发展能力的指标分别有哪些?

(2) 根据计算出的指标简要说明G公司近三年的财务状况。

(3) 请搜集有关资料,对比同行业的相关数据,对该企业进行行业比较分析。

(4) 通过对该案例的分析学习,你还了解到了哪些财务报表分析方法?

第二章 企业偿债能力分析

本章学习目标
(1)了解偿债能力的概念,包括短期偿债能力和长期偿债能力;
(2)理解偿债能力分析的目标和内容;理解不同的财务报表分析主体对于偿债能力分析的要求和关注点;
(3)掌握依据主要财务报表构建的反映短期偿债能力的指标体系和反映长期偿债能力的指标体系,以及偿债能力各指标之间内在的逻辑联系。

第一节 企业偿债能力概述

资金是企业生存与发展的基石,依靠负债融资是企业资金的重要来源之一。在企业生命周期的各个阶段,企业因生产经营的特点、投资需求、资产状况等的不同,均有负债融资的可能,因而企业的偿债能力备受利益相关者的关注。

一、企业偿债能力的概念

偿债能力是指企业对到期债务清偿的能力或对到期债务的现金保障程度。

企业的偿债能力,不仅关乎能否顺利从债权人手中筹集到资金,而且更重要的是偿债能力不足会让企业陷入债务诉讼,甚至面临破产风险。因此,不同的财务报表信息使用者及企业利益相关者均密切关注企业的偿债能力:企业的经营者希望通过偿债能力分析及时了解企业的财务状况,发现可能存在的财务风险,设法优化融资结构,降低融资成本;企业的债权人希望通过偿债能力判断资金能否按期收回,做出正确的信贷决策;投资者能够通过偿债能力分析得出企业的经营状况及财务风险,据以判断投资风险,做出投资决策;对于购货和供货单位而言,企业的偿债能力关乎购货方货源的稳定供给和供货方供货款的及时偿付。总之,偿债能力涉及企业不同利益相关者的切身利益,从而成为企业及其他利益相关者极为关注的重要内容。

二、企业偿债能力的分类

根据偿还期限的长短,企业的债务分为短期债务和长期债务;同理,企业的偿债能力分为短期偿债能力和长期偿债能力两种。

企业的短期偿债能力主要依靠资产的流动性尤其是流动资产的质量来偿还,考验着企业资产流动性的强弱,是企业偿还短期债务的基础。企业的长期偿债能力则主要依靠企业的资本结构及获利能力,而企业的资本结构及获利能力既与企业的融资结构和发展战略密切相关,也受宏观金融环境和经济政策的影响。

三、对偿债能力结果指标的理解

只有当企业具备良好的偿债能力时,才能获得较好的内外部融资条件,从而降低融资成本,增加获利机会。从这方面看,企业的各偿债能力指标是正向反映企业偿债能力的,即指标越高越好。

但是,从实际情况看并不是偿债能力的指标越高越好:若指标过高,潜在的问题就是企业拥有大量的闲置资金,这势必会影响企业资金的利用效率,制约企业的投资规模,进而降低企业的盈利水平和市场竞争力。因此,不能一味地追求过高的偿债能力指标。

第二节 企业短期偿债能力分析

一、短期偿债能力概念

短期偿债能力是指企业短期内(一年以内或者超过一年的一个营业周期内)用流动资产偿还流动负债的能力,反映了企业对财务危机的应急能力。

短期偿债能力的强弱取决于资产的流动性,即资产变成现金的速度及能力。短期偿债能力对于企业而言至关重要,不仅关乎企业眼前的利益,还对偿还长期债务产生影响。一个盈利企业,其获利水平并不代表着短期偿债能力,因为盈利额是权责发生制下(即应收应付制)下计算出来的数字,并不意味着企业就拥有如此多的现金流,也不能体现资产的流动性,因此盈利企业也会面临由于资金调度不畅而不能偿还到期债务的风险。

二、短期偿债能力的影响因素

企业短期偿债能力的大小,一方面取决于流动资产的数量和质量,另一方面也受流动负债数量及质量的影响;此外,企业经营活动现金流量也是影响短期偿债能力的重要因素。

(一)流动资产的数量和质量

流动资产一般指一年内或超过一年的一个营业周期内变现的资产。流动资产是企业偿还流动负债的物质保障,一般而言,流动资产规模越大,短期偿债能力越强。需要注意的是,对企业而言,流动资产并不是越多越好:过多的流动资产尽管对债权人而言是拥有更多的还债保障,但对于企业所有者而言是资金未充分有效运用的一种表现。资产负债表中流动资产从货币资金、应收账款到存货项目,其变现能力依次减弱,偿债能力也逐渐下降。流动资产的质量表现为资产的流动性和变现能力的强弱。一般认为流动性与短期偿债能力呈同方向变动的关系,变现能力与短期偿债能力亦是同方向变动关系,资产的变现能力越强,意味着可用于偿还债务的资金更加充裕,短期偿债能力表现较好。

(二)流动负债的数量和质量

流动负债指的是需要在一年内或超过一年的一个营业周期内偿还的债务。通常债务偿还的期限越长,强制程度越低;债务偿还的期限越短,强制程度越高。因此,从流动负债的数量上看,一般认为流动负债越多,企业的短期偿债压力越大。流动负债的质量是指债务偿还的紧迫性和强制性程度。有些债务可以通过债务展期方式延长偿还时间,如与企业长期有业务往来的供应商之间的债款,当企业面临财务困境时,比较容易推迟偿还这部分款项或重新进行协商。供货方会权衡保持业务关系与强行履约之间的机会成本大小,出于长远考虑,他们可能会选择债务展期。此时,企业可以利用营运资金缓解短期偿债压力,提高短期偿债能力。此外,流动负债的质量还体现在其结构上,比如是集中到期还是分散到期。由于企业的流动负债种类多样,还需要根据各类债务的契约特点,分析并有选择地偿还。

将上述两方面内容结合起来,企业流动资产的数量和质量超过流动负债的数量和质量的程度,就是企业的短期偿债能力。

(三)企业经营活动现金流量

短期偿债能力要求企业拥有一定量的现金流作为支撑,内部的经营状况和外部的融资能力是决定现金流量的重要因素,由此可见,经营活动现金流量是影响企业短期偿债能力的重要因素之一。

经营活动产生的现金流越多,企业的短期偿债能力越强。当企业经营状况较好时,稳定的现金流收入能够保证短期债务的及时足额偿还;当企业经营不佳、入不敷出时,营运资本缺乏,现金流短缺,短期偿债能力随之削弱。另外,企业的经营管理水平、母子公司之间的资金调拨等也会影响短期偿债能力。企业的外部因素,如宏观经济形势、银行信贷政策、证券市场的成熟程度等,同样影响着企业的短期偿债能力。

一般来说,将流动资产、经营活动现金流量与流动负债的数量进行对比,可以初步看出企业的短期偿债能力。在财务报表分析中经常采用的短期偿债能力指标主要有营运资本、流动比率、速动比率、现金比率等;在使用这些指标进行评价时,必须同时关注流动资产和流动负债的质量状况。

三、短期偿债能力的分析与评价

衡量短期偿债能力的指标主要有营运资本、流动比率、速动比率、现金比率及经营活动净现金比率。

(一)营运资本

营运资本是指流动资产减去流动负债的差额,即企业的流动资产在偿还短期债务后的剩余部分。营运资本也称为净营运资本,是短期偿债能力的绝对值指标。其计算公式见式(2.1)。

$$营运资本 = 流动资产 - 流动负债 \tag{2.1}$$

当企业的流动资产大于流动负债时,营运资本为正值,说明企业的流动资产在偿还流动负债之后仍有剩余;当流动资产小于流动负债时,营运资本为负值,说明仅靠流动资产无法弥补短期负债的缺额,此时需要以出售长期投资、变卖固定资产等方式进行资产变现来偿还短期债务。

从上述内容可知,营运资本越多,企业的短期偿债能力越强。但是,因为利益相关者所关注的重点不同,因此对营运资本的评价标准亦有所不同,在分析时需要注意以下事项。

(1)营运资本越大,流动资产对流动负债的现金保障程度越好,但这并不意味着营运资本越多越好。原因在于:营运资本越多,表明企业的流动资产越多,流动资产相对于长期资产而言,流动性强、风险小,但获利能力较差。较高的营运资本,一种可能是企业存在大量的闲置资金,既没有用于投资,也没有偿还债务,影响企业的营运能力和获利水平;另一种可能是,除了短期借款以外的流动负债通常为无息负债,营运资本过大说明企业利用无息负债扩大经营规模的能力较差。因此,企业需保持适当的营运资本规模。

(2)营运资本作为一个绝对值,没有统一的经验值或标准值。在财务分析中,通常需要将同一企业的营运资本与以前年度的该指标进行比较,方能确定其是否合理。不同行业的营运资本规模有很大差别。零售业一般营运资本为正,因为其没有过多的投资需求,且以现金收入为主。相反,信誉好的餐饮企业则营运资本较少,因其具有稳定的现金收入可以偿还同样稳定的流动负债。还应注意的是,同一行业不同企业之间的营运资本也缺乏可比性,因为营运资本和经营规模有很大联系,不同企业之间规模迥异。因此,实务中很少直接单独使用营运资本作为企业短期偿债能力的衡量指标,而多数是进行比率分析。

例2.1 根据W集团资产负债表的资料,该公司2015~2017年的营运资本指标计算见表2.1。

表2.1 W集团营运资本计算表

单位:百万元

项目	2017年	2016年	项目变动情况		2015年
			变动额	变动幅度	
流动资产	1 017 553	721 295	296 258	41.07%	547 024
流动负债	847 355	579 998	267 357	46.10%	420 062
营运资本	170 198	141 297	28 901	20.45%	126 962

注:涉及W集团2016、2017年的相关数据参见附录。

由表2.1可知,W集团2015~2017年的流动资产均能抵补流动负债,即营运资本出现溢余为正数,2015~2017年营运资本数值分别为126 962百万元、141 297百万元及170 198百万元,说明公司不能偿债的风险较小,公司短期偿债能力较强。

营运资本是一个绝对值指标,其不足之处在于,规模大小不同的公司其数值不具有可比性,即不能消除规模的影响。为此,在对企业的短期偿债能力进行分析时,不能仅根据此指标得出结论,需要结合比率指标如流动比率、速动比率及现金比率等对企业进行分析。

(二)流动比率

1. 流动比率的定义及公式

流动比率是在某一时点上流动资产与流动负债的比值,它反映每一元流动负债需要多少流动资产来偿还,是衡量企业短期偿债能力的常用的指标之一。流动比率的计算公式见式(2.2)。

$$流动比率 = 流动资产 \div 流动负债 \tag{2.2}$$

上述公式(2.2)还可以写成

$$流动比率 = \frac{流动资产}{流动负债} = \frac{(流动资产 - 流动负债) + 流动负债}{流动负债} = \frac{营运资本}{流动负债} + 1 \tag{2.3}$$

通常认为,流动比率越大,企业能够在短期负债到期前将流动资产变现并偿还负债的能力越强,企业的短期偿债能力则越强,对于债权人资产安全的保障程度越高。理论上一般认为,制造企业的最佳流动比率是2,原因在于制造企业流动资产中,变现能力最差的存货金额通常占资产总额的一半左右,这就要求其他流动性强的流动资产至少要等于流动负债,企业的短期偿债能力才会有保证。实务中,这种说法已经逐渐被实际发展情况所否定,随着经济、科技的发展,企业逐步扩张,该比率不断趋于下降。

尽管流动比率属于正指标,但是国内外企业的实践证明,流动比率并非越大越好。具体原因可从两个方面考虑:第一,流动比例数值较大,可能是由于流动资产中存货和应收账款占比较大,这就意味着流动资产占幅较大的原因在于存货的积压和应收账款的无力收回,而真正用于偿还债务、变现能力强的资产占比较少,这样计算出的流动比率并不能完全反映企业的短期偿债能力。第二,国内外企业中,流动比率能够达到2的企业并不多见;较高的流动比率,往往表明企业存在大量的营运资本滞留,营运资本偿还流动负债的能力较强,回归到营运资本的讨论上,即企业的资本结构并不完备,资金的利用率低,盈利能力仍有较大提升空间。

2. 流动比率指标的优缺点

流动比率是衡量企业短期偿债能力的基础指标,源于其显而易见的诸多优点:计算简单;能够反映企业流动资产偿还流动负债的保障程度;亦能够反映企业营运资本偿还流动负债的能力,进而反映企业应对临时突发性财务风险的能力。

在利用流动比率进行短期偿债能力分析时,还必须注意到如下几方面的局限性,以使结论更符合客观实际。

第一,流动比率并非越高越好。当企业拥有较高的流动比率时,还应对企业的流动资产和流动负债的结构做出进一步的分析,了解存货、应收账款等变现能力较差的流动资产占总流动资产的比重是否合理,了解流动负债的合理利用率,决定是否要进一步投资或继续借债。另外,流动比率分析还应与企业历史数据及同行业平均流动比率进行比较分析,综合企业性质及企业的实际情况进行考察。当流动比率与历史数据相比发生较大波动,或者与行业平均水平相差较大时,应该进一步对流动资产和流动负债的构成要素逐一排查,发现产生重大影响的原因,及时进行处理。

第二,流动比率是一个静态指标。流动比率反映某一时点企业的流动资产对流动负债的现金保障程度,它假设所有的流动资产都可以变现来偿还短期债务,全部的流动负债都需要进行偿还。实际上,流动负债不完全是要求到期必须进行偿付,如经营性应付款项,由于与供应商具有较好的信用合作关系,此类款项允许债务展期、滚动存续。因此,静态指标的流动比率对企业进行短期偿债能力分析只能说明其在某一时刻偿还债务的能力,据此进行后期预测是具有局限性的。可见,流动比率是对企业短期偿债能力的粗略估计,需要结合其他指标或将其转化为动态指标综合进行评价,才更具有精准性。

第三,应注意公司管理当局是否有粉饰流动比率的动机。公司管理当局会出于某种功利性的考虑,为了使报表能反映较好的财务状况,在将财务报表披露前,会通过一些会计处理方法,故意粉饰流动比率,使其接近于理想数值 2 的现象。如推迟购货、会计期末突击偿还流动负债、下一个会计年度期初再集中借债等。

例 2.2　根据 W 集团资产负债表的资料,该公司 2015~2017 年的流动比率指标计算见表 2.2。

表 2.2　W 集团流动比率计算表

单位:百万元

项目	2017 年	2016 年	项目变动情况		2015 年
			变动额	变动幅度	
流动资产	1 017 553	721 295	296 258	41.07%	547 024
流动负债	847 355	579 998	267 357	46.10%	420 062
流动比率	1.20	1.24	−0.04	−0.03	1.30

由表 2.2 可知,W 集团 2015 年和 2016 年流动比率分别为 1.30 和 1.24,短期偿债压力较大;2017 年为 1.20,较上年同期下降 0.04,表明短期偿债能力有所下降。流动资产增加使得流动比率增加,增加的主要原因有两点:一是货币资金和其他应收款增加;二是存货上升。但流动负债增加使得流动比率下降,下降的主要原因是应付账款、预收款项和其他应付款增加。上述两方面原因的综合作用使 2017 年流动比率较上期下降 0.04,流动负债的增加是引起流动比率下降的主要原因。

流动比率存在着一定的局限性,即该指标是假定流动负债全部到期时,考虑以全部流动资产予以偿还,包含了变现能力较差的存货等项目;因此,流动比率指标只能粗略地反映企业的短期偿债能力。为了更真实地揭示企业的短期偿债能力,可以使用速动比率这一指标进行分析和评价。

(三)速动比率

速动比率又称酸性测试比率(Acid-test Ratio)或清偿比率,是指速动资产与流动负债的比率。其中,速动资产是指流动资产扣除存货后的差额。速动比率表明每背负一元的流动负债需要多少元的速动资产来偿还,是用来衡量企业在不出售存货情况下的应急偿债能力。速动比率的计算公式见式(2.4)。

$$速动比率 = 速动资产 \div 流动负债 \qquad (2.4)$$

其中,速动资产 = 流动资产 − 存货

相比较于流动比率,速动比率扣除了存货对企业短期偿债能力的影响,更加稳妥可信。原因在于:存货的变现能力较差,需要经过销货收款等环节方可获取现金收入;另外,存货容易毁损报废,将其变现考虑还债,不能保证其足额变现。流动比率假设所有的流动资产偿还所有的流动负债,将存货等流动性较差的资产也考虑在内,这就造成企业的流动比率较高,而流动资产中流动性较差的资产占比也较高,企业的流动资产的变现能力较差,此时流动比率衡量企业短期偿债能力的作用失效。速动比率恰能弥补这一缺陷,在扣除存货的影响后,讨论企业的短期偿债能力显然更加科学合理。

一般认为,速动比率指标越高越好,因为速动比率越高,速动资产偿还流动负债的保障系数越高,企业的短期偿债能力越强。但是,相关的研究及实践表明:速动比率指标应保持在适度范围之内。从实践来看,速动比率没有一个统一的经验值标准,不同行业的速动比率差别很大;但是一般认为速动比率等于或稍大于1较为合适,即有一元的流动负债,就有一元的速动资产进行偿还,此时表明企业既有良好的偿债能力,又有合理的流动资产结构。使用速动比率进行偿债能力分析时,应同时注意进行不同行业的对比分析。

另一种计算速动比率的方法,采用扣除与当期现金流量无关的项目进行计算,所得结果称为保守速动比率,计算公式见式(2.5)或式(2.6)。

保守速动比率=(速动资产−预付账款)÷流动负债　　　　　(2.5)

保守速动比率=(货币资金+交易性金融资产+应收账款+应收票据)÷

流动负债　　　　　(2.6)

尽管速动比率在一定程度上克服了流动比率的缺陷,但采用速动比率指标进行分析时同样具有局限性:第一,速动比率同样只是一个静态数据,它反映某一时点企业的财务状况,但并不反映企业未来的偿债能力状况;第二,速动比率同样可以人为操作,达到理想的数值;第三,速动比率扣除了存货项目的影响,但还需注意到应收款项(如应收账款、应收票据等)等项目的变现能力,因为应收款等项目由于信用风险原因可能存在收不回的情况,即会产生坏账,无法带来现金流入,因此需要一个更加保守的指标来分析企业的短期偿债能力。

例2.3 根据W集团资产负债表的资料,该公司2015~2017年的速动比率指标计算见表2.3。

表2.3 W集团速动比率计算表

单位:百万元

项目	2017年	2016年	项目变动情况		2015年
			变动额	变动幅度	
流动资产	1 017 553	721 295	296 258	41.07%	547 024
存货	598 088	467 361	130 727	27.97%	368 122
流动负债	847 355	579 998	267 357	46.10%	420 062
速动比率	0.50	0.44	0.06	13.64%	0.43

由表2.3可知,W集团2017年速动比率为0.50,较上年同期增加13.64%,但速动比率仍然较低;究其原因主要是因为存货在流动资产中占比较大,为58.78%。这表明该公司的流动资产结构不合理,速动资产的占有比重较小,导致短期偿债能力较弱。

速动比率较之于流动比率而言,是更为谨慎的一个短期偿债能力分析指标;但是由于该指标的分子考虑使用应收账款等风险性的流动资产项目偿还短期负债,其计算结果仍具有一定的偏差。为此,可考虑采用更为保守的现金比率进行分析,以得出更为精准的结论。

(四)现金比率

现金比率是指在一定时期内企业现金类资产与流动负债的比值,现金类资产通常包括库存现金、银行存款、交易性金融资产等。现金比率的计算公式见式(2.7)。

$$现金比率=(货币资金+有价证券)\div流动负债 \quad (2.7)$$

采用现金比率作为衡量企业短期偿债能力的指标是比较稳健或者保守的,它反映了企业随时偿还债务的能力。在实务中,这一指标的使用并未被重视,因为现金比率的使用是假设企业资产的流动性仅依赖于现金及其等价物,而不考虑应收账款、存货等的影响。当企业面临财务困境或有破产清算的可能情形时,或在企业应收账款、存货等项目出现异常状态而无法按期变现时,适用于使用现金比率进行财务报表分析。现金比率越高,表明企业利用现金及现金等价物偿还短期负债的能力越强。

例2.4 根据W集团资产负债表的资料,该公司2015~2017年的现金比率指标见表2.4。

表2.4 W集团现金比率计算表

单位:百万元

项目	2017年	2016年	项目变动情况		2015年
			变动额	变动幅度	
货币资金	174 121	87 032	87 089	100.07%	53 180
流动负债	847 355	579 998	267 357	46.10%	420 062
现金比率	0.21	0.15	0.06	40%	0.13

由表2.4可知,W集团2017年现金比率为0.21,较上年同期上升40%,表明该公司的短期偿债能力有所改善。

(五)经营活动净现金比率

营运资本、流动比率、速动比率、现金比率考察的均为资产存量与流动负债之间的关系:若资产存量大于流动负债,表明企业具有较强的短期偿债能力;反之,则表明企业的短期偿债能力较弱。而经营活动净现金比率则是考察企业的经营活动现金流与流动负债的关系。

经营活动净现金比率的含义是指企业在一定时期内的经营活动净额与流动负债的比值,计算公式见式(2.8)。

$$经营活动净现金比率=经营活动现金流量净额\div流动负债平均值 \quad (2.8)$$

公式(2.8)中,分子"经营活动现金流量净额"可以从现金流量表中获得,一般使用"经营活动产生的现金流量净额"来表示。该比率指标从现金流入和流出的角度对企业的实际偿债能力进行考察,反映本期经营活动所产生的现金净流量足以抵付流动负债的倍数。公式中的分母"流动负债平均值"反映流动负债的全年平均占比,是期初流动负债余额与期末流动余额的平均值。

一般认为,经营活动净现金比率大于1表示企业偿还流动负债有可靠保证。该指标越大,表明企业经营活动产生的现金净流量越多,越能保障企业按期偿还到期债务。当然,该比率指标也并非越高越好,该指标过高,则表明企业经营活动产生的流动资金利用越不充分,资金利用率不高。

第三节 企业长期偿债能力分析

一、长期偿债能力概念界定

长期偿债能力指企业偿还长期债务的能力。企业的长期债务,又称非流动负债,即会计上的"长期负债",是指偿还期限超过一年或超过一年的一个营业周期的债务,包括长期借款、应付债券、长期应付款等。与流动负债相比,长期负债具有数额较大、偿还期限较长、财务风险较大等特点。因此,企业的利益相关者或者说长期合作者十分关注企业的长期偿债能力。

企业对于一项长期负债承担两种责任:一种是按期偿还本金的责任;另一种是足额支付债务利息的责任。对长期偿债能力的分析也是基于偿还本金与支付利息这两种责任进行分析,既要评价资产负债表所反映的资本结构情况,又要分析利润表所反映的收益状况。通过对资本结构分析,可以考察资本结构是否健全,这是评估企业长期偿债能力的重要途径。同时,企业的收益状况是偿还长期债务的基础,企业是否有足够的能力偿还债务支出,既要进行资本结构分析,也不能忽视企业收益状况与长期偿债能力的关系。

二、长期偿债能力的影响因素

深入分析长期偿债能力前,应了解影响长期偿债能力的各个因素。企业的长期债务包括本金和利息两部分,这两部分的偿还都与企业的非流动资产和盈利能力密切相关。总体来看,影响长期偿债能力的因素有以下几点。

(一)非流动负债的规模和结构

非流动负债具有期限长、金额大、风险高的特点,非流动负债的规模和结构显著影响企业的长期债务能力。非流动负债的规模越大,长期偿债压力越大,企业的长期偿债能力越弱;反之,非流动负债的规模越小,偿债压力越小,企业的长期偿债能力越强。企业的非流动负债一般包括长期借款、应付债券、长期应付款、递延所得税负债等。不同类型的非流动负债偿还期限、利息率等条件有所差异,会对企业的长期偿债能力产生不同的影响。

(二)非流动资产的规模和结构

非流动资产是指不能在一年或者超过一年的一个营业周期内变现或耗用的资产,是指流动资产以外的资产,主要包括固定资产、无形资产、长期股权投资、递延所得税资产等。

流动负债需要流动资产变现偿还,而长期负债的偿还则需要非流动资产作为保障,此时债权人更看重企业长期的资产状况和财务能力。非流动资产对于企业的长期偿债能力有着重要的影响,主要是因为大多数长期债务的产生都是以非流动资产作为抵押的。因此,一方面,抵押资产的规模决定着长期债务的规模,同样也影响着长期偿债能力的强弱;

非流动资产的规模越大,企业的长期偿债能力就越强。不同的非流动资产的收益水平不同,产生的长期偿债能力也不同。另一方面,非流动资产的结构同样也影响着企业的长期偿债能力:在非流动资产中,各项资产所发挥的作用是不尽相同的;固定资产、无形资产、长期股权投资及递延所得税资产各占多大的比重,对企业长期偿债能力的影响也是不一样的。

(三)企业的盈利能力

企业的盈利能力是指企业在一定时期内获取利润的能力。企业的盈利能力是企业偿还长期债务的根本保证。作为一家经营正常的企业,如果仅靠非流动资产偿还长期债务,势必会使企业资产规模锐减、生产供应不足、陷入严重的财务困境。由此可见,企业只有保持良好的经营状况和盈利能力,才能保障企业长久健康发展。当总资产报酬率高于长期债务的利息率时,企业才能用盈利去偿还长期借款,才会使长期偿债能力更具保障性。盈利是企业生存的基础保障,也是企业成长的基础和关键,盈利能力越强,说明企业的长期偿债能力越强。

(四)其他因素

企业的租赁活动、或有事项、债务担保同样会影响企业的长期偿债能力。租赁期的长短、租赁金额的多少会耗用企业一定时间、一定数量的资产作为使用权的补偿,租赁时间越长、规模越大,企业的长期偿债能力就越弱。或有事项是指过去的交易或者事项形成的、其结果须由某些未来事件的发生或不发生才能决定的不确定事项。常见的或有事项有:未决诉讼或仲裁等。未决诉讼中会产生大量的隐性成本,失败的判决结果会使企业赔偿巨额资金,影响企业资金流的正常运作。债务担保具有类似的隐患,一旦发生涉及金额巨大的差错,则会危及企业的生存。因此,在进行长期偿债能力分析的过程中,势必要重视类似隐性表外因素的影响,深入了解企业业务,发现问题并及时采取措施。

三、长期偿债能力的评价指标

对企业长期偿债能力的评价主要从本金和利息两个角度考察企业的资产规模和盈利能力。资产规模的分析可从资产负债表着手;而盈利能力的分析可从利润表角度进行。资产规模的分析指标包括资产负债率、产权比率、权益乘数、有形净值债务比率等;盈利能力的分析指标主要有利息保障倍数、经营现金流量与债务总额比率、经营现金流量利息保障倍数等。

(一)从资产规模角度分析企业长期偿债能力的评价指标

1. 资产负债率

资产负债率是指企业的负债总额与资产总额的比率,反映企业总资产中有多少是由负债筹集得来的。该指标是衡量企业长期偿债能力的综合指标,也是衡量企业利用债权人资金进行经营活动能力的指标。该指标的计算公式见式(2.9)。

$$资产负债率 = 负债总额 \div 资产总额 \tag{2.9}$$

资产负债率越高,意味着企业的债务负担越重,总资产偿还长期负债的压力越大,此时企业的长期偿债能力也越弱;反之,则长期偿债能力越强。不同的利益主体对资产负债率的衡量标准不同:债权人期望企业的资产负债率越低越好,资产负债率越低表明企业的债务占总资产的比重越少,企业用资产偿还债务的能力越强,债权人的资产保障性越高;股东则希望利用外部财务杠杆来获取预期报酬,因此有可能希望维持较高的资产负债率;而企业的经营者既要考虑利用负债提高盈利能力,充分发挥财务杠杆的作用,又要兼顾债务的偿还能力。

对于资产负债率,并没有一个统一的经验值或标准值。企业的性质、经营状况、财务能力及外部经济环境的不同,都会引起企业间资产负债率的差异。一般经验认为,该指标理想的范围为40%~60%,此时有利于风险与收益的平衡。如果该比率超过100%,则表明企业已资不抵债,视为达到破产的警戒线。此时债权人不会再向企业借款,债务融资陷入困难。

例2.5 根据W集团资产负债表的资料,该公司2015~2017年的资产负债率指标计算见表2.5。

表2.5 W集团资产负债率计算表

金额单位:百万元

项目	2017年	2016年	项目变动情况		2015年
			变动额	变动幅度	
资产总额	1 165 347	830 674	334 673	40.29%	611 296
负债总额	978 673	668 998	309 675	46.29%	474 986
资产负债率	83.98%	80.54%	3.44%	4.27%	77.70%

由表2.5可知,W集团2015~2017年的资产负债率呈逐年上升趋势。与2015年相比,2016年和2017年的资产负债率同比分别提高了2.84%和6.28%,即该公司债务负担有所增加,债权人承担的风险有所提高,表明公司目前的长期偿债能力有所减弱。

2. 产权比率

产权比率又称净资产负债率,指的是企业负债总额与所有者权益总额之间的比率。该比率反映每一元股东权益对应所借入的债务额,反映债权人提供的借款与股东提供的资本之间的对应关系,也反映了企业的基本财务结构的稳定性,可以揭示企业的财务风险和所有者权益对债务的保障程度。产权比率的计算公式见式(2.10)。

$$产权比率 = 负债总额 \div 所有者权益总额 \tag{2.10}$$

产权比率越低,说明负债占所有者权益的比重越少,股东投入的资本对债权人提供的借款的保障程度越高,企业的长期偿债能力越强;反之,产权比率越高,负债占所有者权益的比重越大,企业偿债压力越大,长期偿债能力越弱。一般认为产权比率在100%左右比较合适,此时企业既有充足的内有资金来清偿债务,又可以充分利用负债扩大经营,获得更多利润。

尽管产权比率与资产负债率都是用于衡量长期偿债能力的指标,但两个指标之间还是有一定区别的,主要是反映长期偿债能力的侧重点不同:产权比率侧重于揭示债务资本与权益资本的相互关系,说明企业财务结构的风险性及所有者权益对偿债风险的承受能力;资产负债率则侧重于揭示总资产中有多少是靠负债取得的,说明债权人利益的保障程度及企业利用债权人资金进行财务活动的能力。值得注意的是,不管是资产负债率分析还是产权比率分析,都应注意不同行业不同企业间存在的差异,尝试与行业平均水平进行比较,做对比分析,以便得出更为准确的分析结论。

3. 权益乘数

权益乘数是指企业资产总额与所有者权益总额之间的比率,反映每一元所有者权益所拥有的资产额,同时也反映企业的负债程度。权益乘数又称财务杠杆比率,是杜邦财务分析体系中的重要分析指标。

$$权益乘数 = 资产总额 \div 所有者权益总额$$
$$= 资产总额 \div (资产总额 - 负债总额)$$
$$= 1 \div (1 - 资产负债率)$$
$$= 产权比率 \div 资产负债率 \qquad (2.11)$$

该指标数值越大,说明股东投入的资本在总资产中所占的比重越少,企业的长期偿债能力越弱,财务风险越高;反之,则说明有足够的所有者权益来保障负债的偿还,企业的长期偿债能力较强。事实上,产权比率和权益乘数是对资产负债率的变形和补充,与资产负债率有着共同的性质,可以配合使用。

由上式推导结果可以看出,权益乘数与资产负债率、产权比率有着相同的性质,三者之间相互联系,但也存在着一定的区别。具体而言有如下两点:第一,权益乘数的大小主要受资产负债率的影响,在资产总额不变的情况下,权益乘数与资产负债率同方向变动,即资产负债率越高,权益乘数越高,企业的财务杠杆利益越多,同时企业面临的财务风险也越高;第二,权益乘数与产权比率密切相关,在保证其他条件不变的情况下,权益乘数与产权比率同样是同方向变动的关系,即负债越多,产权比率数值越大,权益乘数也越大,企业所有者权益对于债权人资本的保障程度越低,企业的长期偿债能力越差。

权益乘数与资产负债率、产权比率之间的关系还可用式(2.12)~式(2.14)所示数学表达式表示。

$$权益乘数 - 产权比率 = 1 \qquad (2.12)$$
$$权益乘数 = 1 + 产权比率 \qquad (2.13)$$
$$资产负债率 + (1 \div 权益乘数) = 1 \qquad (2.14)$$

例 2.6 根据 W 集团资产负债表的资料,该公司 2015~2017 年的股东权益比率指标和权益乘数指标计算见表 2.6。

表 2.6 W 集团股东权益比率、权益乘数及产权比率计算表

金额单位:百万元

项目	2017 年	2016 年	项目变动情况		2015 年
			变动额	变动幅度	
资产总额	1 165 347	830 674	33 467	40.29%	611 296
负债总额	978 673	668 998	309 675	46.30%	474 986
股东权益总额	186 674	161 676	24 998	15.46%	136 310

续表2.6

项目	2017年	2016年	项目变动情况		2015年
			变动额	变动幅度	
股东权益比率	16.02%	19.46%	-3.44%	-17.68%	22.30%
权益乘数	6.24	5.14	1.1	21.40%	4.48
产权比率	524.27%	413.79%	110.48%	26.70%	348.46%

由表2.6可知,W集团只有近20%的资产是通过股东权益资金融通的;2015～2017年股东权益比率呈逐年下降的趋势,公司的权益乘数呈上升趋势,表明公司的债务负担逐年增加,公司资产对负债的依赖程度提高,承担的财务风险有所增加。另外,W集团2015～2017年的产权比率呈逐年增加趋势,表明该公司资本结构风险进一步提高,股东权益对偿债风险的承受能力减弱,对债务的保障程度降低。上述股东权益比率、权益乘数及产权比率三个财务指标,皆表明了W集团公司目前的长期偿债能力呈下降趋势。

4. 有形净值债务比率

有形净值债务比率是指企业债务总额与有形净值的比率。有形净值是企业所有者权益扣除全部无形资产和递延资产后的数额。有形净值债务比率的计算公式见式(2.15)。

有形净值债务比率 = 负债总额÷有形净值
= 负债总额÷(所有者权益总额-无形资产总额-递延资产总额)

(2.15)

容易看出,有形净值债务比率是产权比率的"改良"形式。之所以从所有者权益中扣除无形资产,原因在于:一方面,无形资产缺乏可靠的计量基础,如商誉、商标和专利权等在偿还负债时具有较大的不确定性;另一方面,在企业破产清算时,无形资产往往急速贬值,不能像有形资产那样保障债务的偿还。之所以扣除递延资产,原因在于递延资产实质上是费用的资本化,它往往不能偿还债务,而是随着时间逐步完成摊销。扣除无形资产、递延资产后的有形净值债务比率较之产权比率而言,更保守、严谨,更能体现债权人资产的保障程度。有形净值债务比率越大,表明所有者权益扣除无形资产后偿还债务的能力越弱,即企业的长期偿债能力越差,财务风险越强,保障程度越低。

(二)从盈利能力角度分析企业长期偿债能力的评价指标

企业的盈利能力对其长期偿债能力的影响表现为:企业盈利能力越高,企业的长期偿债能力越强。因此,通过利润表所反映的企业盈利能力与负债本息之间关系的指标来进行计算与分析、评价企业的长期偿债能力是非常有必要的。从盈利能力角度对企业长期偿债能力进行分析评价的指标主要有利息保障倍数、经营现金流量与债务总额比率、经营现金流量利息保障倍数等。

1. 利息保障倍数

与短期偿债能力分析不同,长期偿债能力不仅需要考虑本金的偿还,更要考虑到利息的问题。如果企业的利息偿还都存在问题,更不用说本金的偿付。利息保障倍数是企业息税前利润与利息费用的比率,表示每一元的利息费用对应的企业盈利额的保障倍数,用于衡量企业的利息偿付能力和对债权人利息的保证程度。计算公式见下式(2.16)。

利息保障倍数＝息税前利润÷利息费用
＝（税前利润+利息费用）÷利息费用　　（2.16）

值得注意的是,式(2.16)中的分子表示企业运用全部资产获得的收益,即没有扣除利息费用的税前利润。之所以没有使用净利润,原因在于利息费用是在税前利润之前列示,而所得税费用体现在扣除利息费用之后的利润中,因此,所得税费用的多少对利息费用的支付难易程度影响较小。分母中的利息费用,不仅指财务费用中的利息费用,还包括企业资本化的利息。在企业的资本化利息额较小的情况下,可以用企业的"财务费用"近似代替分子、分母中的利息费用。

实务中结合利润表,计算公式(2.16)可简化为式(2.17)。

利息保障倍数＝（利润总额+财务费用）÷财务费用　　（2.17）

该指标越大,表明企业利润对于债务利息的保障倍数越大,企业的长期偿债能力越强;反之,该指标数值越小,企业的长期偿债能力越弱。由于各个行业的行业特点、业务性质等方面的差异,利息保障倍数没有一个统一的标准。理论上,利息保障倍数至少应该大于1,理想的数值为3~4。利息保障倍数为3或以上时,表明企业不能偿付债务利息的可能性较小;该倍数达到4时,认为企业的长期偿债能力为"良好";达到4.5倍或以上时,则认为长期偿债能力为"优秀"。相反,当企业的利息保障倍数等于或小于1时,认为企业的长期偿债能力较差,需结合其他指标,深入剖析企业的财务状况,做出合理的解释。

例2.7　根据W集团利润表及相关资料,该公司2015~2017年的利息保障倍数指标计算表见表2.7,并进行长期偿债能力分析。

表2.7　W集团利息保障倍数计算表

金额单位:百万元

项目	2017年	2016年	2015年
利润总额	51 142	39 254	33 803
财务费用	2 075	1 592	478
资本化利息	4 147	3 228	3 074
利息费用	6 222	4 820	3 552
息税前利润	57 364	44 074	37 355
利息保障倍数	9.22	9.14	10.52

注:利息费用数据分别来自利润表中的财务费用和报表附注中的借款费用资本化利息。

由表2.7可知:第一,2015~2017的三年来,W集团的利息保障倍数均大于3,最低的利息保障倍数为2016年的9.14,说明公司具备偿付利息的能力;第二,与2015年相比,2016年和2017年的利息保障倍数有所下降,说明公司近两年支付利息的保障程度降低,主要原因是公司的利息费用大幅增加,从而造成公司财务风险增加,公司的长期偿债能力有所减弱。

2. 经营现金流量与债务总额比率

与短期债权人关注经营活动净现金比率不同,长期债权人更关注经营现金流量与债务总额比率。经营现金流量与债务总额比率是指企业年度经营活动产生的现金流量净额与债务总额之比,又称债务保障比率。该指标表明企业经营活动净流量偿付全部债务的能力。经营现金流量与债务总额比率的计算公式见式(2.18)。

$$经营现金流量与债务总额比=经营活动产生的现金流量净额÷负债总额 \quad (2.18)$$

该比率越大,表明企业经营活动现金流量净额偿还全部债务的能力越强,即企业的长期偿债能力越强;反之,企业长期偿债能力越弱。不同行业的经营风险不同,财务风险也就有所不同,因此不同行业的长期偿债能力也有不同的表现,对于经营现金流量与债务总额比也没有一个标准的数值。一般认为,该指标数值在20%左右比较好。

3. 经营现金流量利息保障倍数

长期偿债能力分析中的利息保障倍数分析方法以利润为基础,存在一个明显的缺陷,即息税前利润是会计核算的结果,并不是全部以现金的形式存在。偿还本金和利息的来源是现金流,而不是盈利。盈利企业并不一定有足额的现金流作为偿债保障,因此,还需通过经营现金流量利息保障倍数进行衡量。

经营现金流量利息保障倍数指企业经营活动产生的现金流与利息费用的比率。该指标表明每一元的利息有多少倍的经营活动现金流作为保障。经营现金流量利息保障倍数的计算公式见式(2.19)。

$$经营现金流量利息保障倍数=经营活动产生的现金流÷利息费用 \quad (2.19)$$

较之以利润为基础的利息保障倍数,以现金为基础的经营现金流量利息保障倍数更加可靠,更有利于体现债权人的利息保障程度。与利息保障倍数分析相同的是,经营现金流量利息保障倍数越大,企业的经营活动现金流保障利息费用的倍数越高,长期偿债能力越强;反之亦然,经营现金流量利息保障倍数越小,企业的长期偿债能力越弱。一般地,企业经营现金流量利息保障倍数小于1表明企业的长期偿债能力堪忧,企业面临财务困境或有破产可能,此时,债权人会慎重决策是否应该借款给企业。

本章小结

偿债能力是企业偿还债务的能力,包括偿还本金和偿还利息的能力。偿债能力分为短期偿债能力和长期偿债能力,短期偿债能力指企业以流动资产偿还流动负债的现金保障程度,分析企业的短期偿债能力主要看企业的流动资产和流动负债数量的多少和质量的好坏;长期偿债能力是指企业偿还长期债务的现金保障程度,主要从资产规模和盈利能力两个角度进行分析。

短期偿债能力分析可以采用流动资产和流动负债对比的指标分析,以反映企业在流动资产到期时足额变现用于偿还债务的能力,说明企业的财务状况和风险程度。衡量短期偿债能力的指标主要有营运资本、流动比率、速动比率、现金比率、经营活动净现金比率。

长期偿债能力分析,主要是从资产规模和盈利能力两方面出发,对企业的资产负债表和利润表进行分析,计算出相应的指标评价体系。从资产规模角度分析企业长期偿债能力的指标主要有资产负债率、产权比率、权益乘数、有形净值债务比率等,从盈利能力角度对企业长期偿债能力进行分析评价的指标主要有利息保障倍数、经营现金流量与债务总额比率、经营现金流量利息保障倍数等。

运用上述指标进行分析评价时需要注意的是,由于宏观政策、行业性质、企业自身特点等的差异,各个指标没有一个标准值,不应仅凭某一指标的高低,就做出企业长短期偿债能力好与坏的结论。要注意综合使用评价指标体系,深刻揭示数值背后的原因,将各指标与企业历史数据、行业平均值等进行比较,审慎分析。

第二章章后习题

一、单项选择题

(1) 当企业面临财务危机时,衡量企业短期偿债能力最稳健的指标是(　　)。
A. 流动比率　　　　B. 速动比率　　　　C. 现金比率　　　　D. 营运资本

(2) 下列哪一项不会影响速动比率(　　)。
A. 应收账款　　　　B. 短期借款　　　　C. 固定资产　　　　D. 应收票据

(3) 当流动比率小于1时,赊购原材料会(　　)。
A. 降低流动比率　　B. 增大流动比率　　C. 降低营运资金　　D. 增大营运资金

(4) 有形净值率中的"有形净值"是指(　　)。
A. 有形资产总额　　　　　　　　　　B. 固定资产净值与流动资产之和
C. 所有者权益　　　　　　　　　　　D. 所有者权益扣除无形资产

(5) 下列指标中,可用于衡量企业短期偿债能力的是(　　)。
A. 产权比率　　　　B. 权益乘数　　　　C. 已获利息保障倍数　　D. 流动比率

(6) 运用资产负债表可计算的比率有(　　)。
A. 应收账款周转率　B. 总资产报酬率　　C. 现金比率　　　　D. 利息保障倍数

二、多项选择题(备选项中至少有两个选项是正确的)

(1) 下列各项指标中,反映短期偿债能力的指标有(　　)。
A. 流动比率　　　　B. 速动比率　　　　C. 资产负债率
D. 净资产负债率　　E. 现金比率

(2) 下列各项中,影响长期偿债能力的因素包括(　　)。
A. 资本结构　　　　B. 盈利能力　　　　C. 经营性的经营租赁
D. 长期资产的保值程度　　　　　　　E. 资产质量

(3) 影响公司变现能力的表外因素有(　　)。
A. 滞销的存货　　　B. 或有负债　　　　C. 未动用的银行贷款限额
D. 未终结的诉讼案件　E. 或有资产

(4) 企业采用备抵法核算坏账损失,如果实际发生一笔坏账,冲销应收账款,则(　　)。
A. 流动比率提高　　B. 流动比率不变　　C. 速动比率不变
D. 营运资金不变　　E. 速动比率提高

三、判断并说明理由题(在括号中以√或×表示判断结果,并在次行说明理由)
(1)对于任何企业而言,速动比率都应该大于1才正常。( )

(2)流动比率越高,越能表明企业的资产运用效果好。( )

(3)企业的盈利能力是影响企业最终偿付能力的最重要因素。( )

(4)当流动负债大于流动资产时,说明部分长期资产是以流动负债作为资金来源的。
( )

(5)企业负债比率越高,财务杠杆系数越大,财务风险越小。( )

(6)资产负债率指的是企业在破产这一最坏情况下,债权人利益的保护程度。该指标达到或超过100%表明企业资不抵债。( )

(7)利息保障倍数是分析现金流量对长期偿债能力影响的指标。( )

(8)权益乘数的高低取决于企业的资本结构:资产负债率越高,权益乘数越大,财务风险越大。( )

(9)计算已获利息保障倍数时分母的利息费用,指的是计入财务费用的各项利息。
( )

(10)企业偿债能力的高低不仅看其偿付利息的能力,更重要的是看其偿还本金的能力。( )

四、思考探究题
(1)什么是企业偿债能力?偿债能力分为哪几种?

(2) 什么是企业的短期偿债能力？衡量企业短期偿债能力的财务指标有哪些？

(3) 营运资本、流动比率、速动比率、现金比率、经营活动净现金比率这几个指标既存在内在的关系，又有一定的差异，请依据自己的理解对其进行说明和论述。

(4) 什么是企业的长期偿债能力？衡量企业长期偿债能力的指标有哪些？

(5) 资产负债率、产权比率、权益乘数、有形净值债务比率这几个比率指标有何异同？所强调的侧重点一样吗？请说明。

(6) 有人说："利息保障倍数、经营现金流量与债务总额比率、经营现金流量利息保障倍数这三个指标中，后两个指标在评价企业的长期债务时更为精准和合理"。你认同此说法吗？请说明理由。

五、案例分析题

市场竞争环境下 L 电器的偿债能力分析

近年来，我国家电企业在实现快速、稳步增长的同时，也面临日益激烈的市场竞争。为了提升市场竞争力，家电企业致力于开发新产品、开拓新市场，这在一定程度上加大了资金需求。据统计，家电行业内主要企业的资产负债率高达 60% 以上。家电企业逐渐增加的负债比例加大了财务风险，增加了产生财务困境的可能性。对家电企业的偿债能力进行分析，能够明确家电企业的偿债能力现状，判断家电企业是否具有承担债务及偿还利息的能力，并针对偿债能力存在的问题采取有针对性的措施，逐步降低财务风险，保证家电企业平稳、健康发展。

L 电器股份有限公司是一家研发、生产、销售家电的国际化企业，于 1991 年在广东省珠海市创立。1996 年公司在深圳证券交易所上市；2002 年公司入股香港环球动力控股有限公司。公司拥有三大品牌。

L 电器 2015～2018 年财务报表的主要资料见表 2.8～表 2.11。

表 2.8　L 电器 2015～2018 年的有关财务资料

单位：亿元

项目	2015 年	2016 年	2017 年	2018 年
流动资产				
货币资金	888.2	957.5	996.1	1 131
应收票据	148.8	299.6	322.6	359.1
应收账款	28.79	28.24	58.14	77
预付账款	8.479	18.15	37.18	21.62
其他应收款	2.540	2.450	21.61	25.54
存货	94.74	90.25	165.7	200.1
其他流动资产	16.85	19.93	103.4	171.1
流动资产合计	1 209	1 429	1 716	1 997
流动负债				
短期借款	62.77	107.0	186.5	220.7

续表2.8

项目	2015 年	2016 年	2017 年	2018 年
应付票据	74.28	91.27	97.67	108.4
应付账款	247.9	295.4	345.5	389.9
预收款项	76.20	100.2	141.4	97.92
应付职工薪酬	16.97	17.03	18.77	24.73
应交税费	29.78	31.26	39.09	48.48
应付股利	0.007 079	0.877 3	0.007 079	—
其他应付款	26.08	22.24	28.01	47.47
一年内到期的非流动负债	24.04	—	—	—
其他流动负债	550.1	597.3	609.1	633.6
流动负债合计	1 126	1 269	1 475	1 577

表2.9 L电器合并资产负债表部分项目

单位:亿元

项目	2015 年	2016 年	2017 年	2018 年
流动资产合计	1 209	1 429	1 716	1 997
非流动资产				
可供出售金融资产	27.05	13.84	21.75	22.16
长期股权投资	0.954 6	1.039	1.104	22.51
投资性房地产	4.915	5.977	5.166	5.376
固定资产	154.3	176.8	174.8	183.9
在建工程	20.45	5.815	10.21	16.64
无形资产	26.56	33.55	36.04	52.05
商誉	—	—	—	0.518
长期待摊费用	0.081 82	0.010 51	0.022 09	0.042 38
递延所得税资产	87.64	96.68	108.4	113.5
非流动资产合计	407.5	394.6	434.3	515.2
资产总计	1 617	1 824	2 150	2 512
负债和股东权益				
流动负债合计	1 126	1 269	1 475	1 577
非流动负债				
递延所得税负债	2.441	2.800	4.035	5.362
非流动负债合计	5.062	5.698	6.424	8.333

续表2.9

项目	2015年	2016年	2017年	2018年
负债合计	1 131	1 274	1 481	1 585
股东权益				
股本	60.16	60.16	60.16	60.16
资本公积	1.860	1.834	1.249	0.933 8
盈余公积	35.00	35.00	35.00	35.00
未分配利润	377.4	442.3	557.4	819.4
归属于母公司股东权益合计	475.2	539.7	656.1	913.3
少数股东权益	10.45	9.800	12.40	13.88
股东权益合计	485.7	549.5	668.5	927.1
负债和股东权益总计	1 617	1 824	2 150	2 512

表2.10 L电器合并利润表部分项目

单位:亿元

项目	2015年	2016年	2017年	2018年
一、营业总收入	1 006	1 101	1 500	2 000
其中:营业收入	977.5	1 083	1 483	1 981
二、营业总成本	861.3	914.8	1 247	1 696
其中:营业成本	660.2	728.9	995.6	1 382
营业税金及附加	7.519	14.30	15.13	17.42
销售费用	155.1	164.8	166.6	189.0
管理费用	43.66	24.54	54.86	50.49
财务费用	−19.29	−48.45	4.313	−9.482
资产减值损失	8 632	−4 391	2.648	2.617
加:公允价值变动收益	−10.10	10.93	0.092 13	0.462 6
投资收益	0.966 5	−22.21	3.966	1.068
其中:对联营企业和合营企业的投资收益	0.032 5	0.080 3	0.064 9	0.005 6
三、营业利润	135.2	175.0	261.3	310.0
加:营业外收入	14.04	10.94	5.106	3.179
减:营业外支出	0.110 5	0.244 1	0.205 4	0.412 3
其中:非流动资产处置损失	911.9	1 508	—	—
四、利润总额	149.1	185.7	266.2	312.7
减:所得税费用	22.86	30.07	41.08	48.94

续表2.10

项目	2015年	2016年	2017年	2018年
五、净利润	126.2	155.7	225.1	263.8
归属于母公司股东的净利润	125.3	154.6	224.0	262.0
少数股东损益	0.9129	1.028	1.070	1.762
六、每股收益				
（一）基本每股收益	2.08	2.57	3.72	4.36
（二）稀释每股收益	2.08	2.57	3.72	4.36

表2.11　L电器合并现金流量表部分项目

单位：亿元

项目	2015年	2016年	2017年	2018年
经营活动产生的现金流量				
销售商品、提供劳务收到的现金	534.5	851.9	1350	434.5
收到的税费返还	11.97	19.81	23.57	7.436
收到其他与经营活动有关的现金	69.14	94.30	75.67	6.299
经营活动现金流入小计	628.2	977.4	1462	457.4
购买商品、接受劳务支付的现金	311.2	508.3	780.5	201.0
支付给职工以及为职工支付的现金	43.49	64.25	85.75	21.82
支付的各项税费	76.88	118.2	151.4	40.29
支付其他与经营活动有关的现金	69.43	110.4	150.3	112.9
经营活动现金流出小计	89.39	150.7	269.4	77.33
经营活动产生的现金流量净额	89.39	150.7	269.4	77.33

思考与讨论题

(1) 计算L电器2016年、2017年、2018年的营运资本、流动比率、速动比率、现金比率。

(2) 运用上述比率分析L电器的资产流动性与短期偿债能力。

(3) 根据资料对L电器的短期偿债能力指标进行趋势分析，并进行解释。

(4) 计算L电器2016年、2017年、2018年的资产负债率、股东权益比率和权益乘数、产权比率、长期资产负债率、利息保障倍数。

(5) 运用上述比率分析L电器的长期偿债能力。

(6) 根据计算资料对L电器的长期偿债能力指标进行趋势分析，并进行简要解释。

(7) 请收集L电器的相关资料，分析造成偿债能力现状的原因以及可能的经济后果。如何防范相关风险？

第三章 企业营运能力分析

本章学习目标

（1）了解营运能力的概念，包括广义的营运能力及狭义的营运能力；营运能力分析的意义。

（2）理解营运能力分析的各指标构成。

（3）掌握依据主要财务报表构建的反映企业营运能力的指标体系的计算及分析。

第一节 企业营运能力的内涵及衡量

企业生产经营资金的周转速度越快，表明企业资源的利用效率较高，企业管理人员的经营能力较强。营运能力决定着企业的偿债能力和盈利能力，是了解企业财务状况稳定与否和获利能力强弱的关键环节。

一、营运能力概念

营运能力是指利用企业资源创造价值的能力，是企业的各项经济资源，基于环境约束与价值增值目标，通过优化配置组合与相互作用而生成的推动企业运作的能力。

营运能力的实质是对企业现有资源进行合理配置，对资金进行有效利用，尽可能少地占用经济资源，以尽可能快的周转速度，生产出尽可能多的产品，创造出尽可能高的营业收入。根据企业经济资源形态的不同，营运能力有广义和狭义之分。广义的营运能力指企业运用所有生产要素创造价值的能力，包括人力资源和生产资料；狭义的营运能力仅包括使用生产资料的效率及有效性。由于人力资源并没有在报表中详细列支，因此，本章主要围绕狭义的营运能力进行分析，而营运能力分析是以企业生产经营资金周转速度的有关指标进行衡量的。

企业营运能力分析主要是对日常所使用的各类资产利用效果的分析，实际上就是分析企业的营运资产的运行效率和效益，包括流动资产营运能力分析、非流动资产营运能力分析及总资产营运能力分析等。其中流动资产营运能力分析包括应收账款周转率计算分析、存货周转率计算分析等；非流动资产营运能力分析主要对固定资产营运能力进行分析。这些指标能够揭示企业资金营运周转的情况，反映企业对经济资源管理效率的高低。企业资金周转越快，资金流动性越高，企业的偿债能力越强，资产获取利润的速度就越快，则企业的营运能力越强。

通过计算分析企业资产营运效率与效益的相关指标，分析评价企业的营运能力，能够使企业资本优化配置，不断提高企业的经济效益和运作效率。

二、企业营运能力分析的意义

针对企业营运能力的分析,能够发现企业资产营运中存在的问题,并反映企业现有资产的管理水平和使用效率,这对于不同报表使用者而言具有不同的意义。

(一)对股东而言

对于股东而言,通过对企业营运能力的分析,能够判断出企业资金运用效率及企业财务的安全性和获利能力,进而做出是否继续投资增股的决策。一般来说,企业资产运用效率越高,资产的变现能力越强,企业的偿债能力和盈利能力亦越高。当企业发生不可预见的紧急情况时,企业应对财务突变的能力较强,财务安全性保障程度较高。另外,企业的营运能力较好时,企业资产组合配置效率较高,股东所重视的企业盈利能力也较强。

(二)对债权人而言

债权人通过对企业营运能力的分析与衡量,能够判断出企业的资产对于其债权的保障程度,明确企业的偿债能力和财务能力,从而进行相应的信用决策。一般而言,企业的营运能力较强时,资产的变现能力也越强,企业利用现金偿还债务的能力随之增强,此时债权人的资金保障程度也较高,债权的安全性相应较强。

(三)对经营管理者而言

企业的经营管理者通过对企业营运能力的分析与比较,能够及时发现企业是否存在闲置资金或尚未利用充分的资金,从而调整投融资策略,及时处置或者合理使用闲置资金,提高资产利用效率,为企业创造更多的盈利和价值。

第二节 企业营运能力分析

企业营运能力分析可通过各营运资产周转率指标进行衡量,主要包括应收账款周转率、存货周转率、流动资产周转率、固定资产周转率及总资产周转率等。

一、应收账款周转率的计算与评价

(一)应收账款周转率的计算

应收账款周转率是指企业在一定时期内赊销收入净额与应收账款平均余额的比值,即应收账款在一定时期内周转的次数。该比率用以衡量企业在特定期间内收回赊销账款的能力,也就是客户在此期间的偿债能力,并可反映企业的信用额度是否适当、信用政策是否有效,是衡量企业应收账款流动程度和管理效率的指标。应收账款周转率通常包括两种类型:应收账款周转次数及应收账款周转天数。

$$应收账款周转率 = 赊销收入净额 \div 应收账款平均余额 \tag{3.1}$$

在上述公式(3.1)中,分子"赊销收入净额"是指营业收入扣除现销收入、销售折让、销售折扣及销售退回的净额;分母"应收账款平均余额"是指在一定期间内(通常为一年)应收账款的平均数,一般用期初及期末数来平均,也可以用12个月末数进行平均。具体可分别用公式(3.2)及公式(3.3)来表示。

赊销收入净额＝营业收入－现销收入－销售折让－销售折扣－销售退回　　(3.2)

应收账款平均余额＝(期初应收账款＋期末应收账款)÷2　　(3.3)

若企业不能够获得赊销收入净额的数据,则一般用营业收入替代进行计算,替代以后的应收账款周转率计算公式见式(3.4)。

应收账款周转率＝营业收入÷应收账款平均余额　　(3.4)

应收账款周转率也可用应收账款周转天数来表示。应收账款周转天数是指应收账款周转一次所占用的时间,表明应收账款转变为现金速度的快慢,计算公式见式(3.5)。

应收账款周转天数＝360÷应收账款周转率　　(3.5)

应收账款周转率用来评价企业应收账款变现速度的快慢和管理绩效的高低。一般情况下,一定时期内应收账款周转率越高,周转天数越短,说明企业应收账款变现速度越快,变现能力越强,坏账损失发生的可能性越小,预示着企业有较强的偿债能力和盈利能力,同时也反映出债务人的信用较好,企业可据此制定自己的信用政策。反之,应收账款周转率越小,周转天数越长,表明企业应收账款变现能力越差,或过分扩大信用,或应收账款管理部门工作效率低下,或者客户资信较差,缺乏必要的偿债能力等;这些现象对企业的长远发展都是不利的。

(二)应收账款周转率的影响因素及评价方法

一般来说,应收账款周转率越高,周转天数越短,说明应收账款的收回速度越快;否则,企业的营运资本会过多地呆滞在应收账款上,影响资金的正常周转。

影响应收账款周转率指标的因素有如下四个方面:第一,季节性经营的企业使用这个指标时不能反映实际情况;第二,大量使用分期收款结算方式;第三,大量使用现金结算的销售;第四,年末销售大量增加或年末销售大幅度减少。这些因素均会对该指标的计算结果产生较大影响。为此,财务报表的外部使用者可以将计算出的指标与该企业前期指标、行业平均水平或其他类似企业的指标相比较,以判断该指标的高低及分析结果的恰当性。

例3.1 根据W集团财务报表的有关资料,计算该公司2013～2017年应收账款周转率的相关数据,结果见表3.1,并对该公司连续5年的应收账款周转率进行趋势分析。

表3.1　W集团应收账款周转率计算表

金额单位:百万元

项目	2017年	2016年	2015年	2014年	2013年
营业收入	242 897	240 477	195 549	146 388	135 419
应收账款期初余额	2 075	2 511	1 894	3 079	1 887
应收账款期末余额	1 433	2 075	2 511	1 894	3 079
应收账款平均余额	1 754	2 293	2 203	2 487	2 483
应收账款周转次数	138.48	104.87	88.76	58.86	54.54
应收账款周转天数	3	4	4	6	7

根据表3.1可知,W集团2013～2017年应收账款周转次数呈现整体上升趋势,应收账款周转天数逐渐减少,说明公司应收账款的管理效率呈显著上升趋势,公司的营运能力

在逐步提升。

二、存货周转率分析

在流动资产中,存货所占比重较大,变现能力最弱,风险最大,通常其价值占流动资产总额的一半以上。存货的流动性将直接影响企业的流动资产周转。

(一)存货周转率的定义及计算

增加存货量会带来利与弊两方面的影响:一方面,可以使企业增加抵御市场不确定性对企业正常经营活动的影响,有利于提高企业盈利能力;另一方面,增加存货量又会过多地占用企业资金,使资金利用率下降,盈利能力降低,变现风险由此上升。减少存货量一方面削弱了企业抵御市场不确定性的能力,影响企业营销规模的扩大和盈利能力的增加;但另一方面减少了企业资金占用量,提高资金利用效率,使盈利能力上升,变现风险降低。由此可见,关注企业存货的动态变化显得尤为重要,存货周转率是一个重要的评价指标。

存货周转率是指企业在一定时期内销售成本与平均存货余额之间的比率。存货周转率有两种计算方式:一种是以成本为基础的存货周转率,即存货周转率是企业在一定时期内营业成本与平均存货余额的比率,主要用于流动性分析;另一种是以收入为基础的存货周转率,即存货周转率是企业一定时期内的营业收入与平均存货余额的比率,主要应用于获利能力分析。与应收账款周转率类似,存货周转率也可用存货全部售出的平均周转次数和周转一次所需要的时间两种表达方式予以反映。上述涉及的相关计算公式整理为式(3.6)和式(3.7)。

$$以成本为基础的存货周转率 = 营业成本 \div 平均存货余额 \quad (3.6)$$

$$以收入为基础的存货周转率 = 营业收入 \div 平均存货余额 \quad (3.7)$$

其中,营业收入、营业成本的数据来自企业的利润表;平均存货余额的数据来自资产负债表"期初存货"与"期末存货"的平均数,计算公式见式(3.8)。

$$平均存货余额 = (期初存货余额 + 期末存货余额) \div 2 \quad (3.8)$$

分析存货周转速度,除了用存货全部出售的平均周转次数外,还可使用周转一次所需要的时间,即存货周转天数来表示。存货周转天数的计算公式见式(3.9)。

$$存货周转天数 = 360 \div 存货周转率 \quad (3.9)$$

与应收账款周转率分析类似,通常情况下,存货周转率越高,存货周转天数越短,说明存货从资金投入到销售收回的时间越短,存货管理效率越高;反之,存货周转率越低,表明产销配比不当,存货积压较多,企业的存货管理效率欠佳,致使资金冻结在存货上,仓储费用及利息负担过重。

但是值得注意的是,并不是存货周转率越高越好:在企业经营管理中,增加存货量,一方面可以增强抵御市场不确定性因素对企业正常经营活动影响的能力,有利于提高企业盈利能力;但另一方面则增加了企业资金的占用量,使资金利用率降低,盈利能力降低,同时还会加大无变现能力的风险。减少存货量,一方面减弱了抵御市场不确定因素对企业影响的能力,而且不利于企业营销能力的扩大和盈利的增加;但另一方面则减少了企业资金的占用量,提高了资金利用率,降低了变现风险。可见,存货的增减对企业有利有弊。因此,要在正确分析企业存货周转水平的基础上,对存货量的大小做出合理的设计,以便制定正确的经营决策。

以成本为基础和以收入为基础的存货周转率各自有不同的意义:以成本为基础的存货周转率运用较为广泛,原因在于与存货相关的是销售成本,它们之间的匹配对比更符合实际情况,能够较好地表现存货的周转状况;以收入为基础的存货周转率既维护了资产运用效率比率各指标计算上的一致性,由此计算的存货周转天数与应收账款周转天数又均是建立在营业收入这一基础上,从而可直接相加并得到另一个分析指标——营业周期。

营业周期是指从取得存货开始到销售存货并收回现金为止的这一段时间。营业周期的计算公式见式(3.10)。

$$营业周期 = 存货周转天数 + 应收账款周转天数 \quad (3.10)$$

一般情况下,营业周期越短,说明资金周转速度越快;反之,营业周期越长,说明资金的周转速度越慢。决定营业周期长短的主要因素是存货周转天数和应收账款周转天数;分析营业周期指标时应该关注企业存货的计价方法、计提坏账准备的方法及现销收入与赊销收入之间的比例。

(二)存货周转率分析时需注意的问题

在计算分析存货周转率时,还应注意以下三个方面的问题。

第一,企业管理者及相关的外部报表使用者,除了分析批量因素、季节性生产的变化等情况外,还应对存货的结构及影响存货速度的重要项目进行分析,分别就原材料、在产品、产成品三个部分计算周转率,借以分析各部分对整个存货周转率的影响。

第二,企业采用不同的存货计价方法,将直接影响存货周转率的高低。如采用先进先出法对存货进行计价,当存货周转速度低于通货膨胀速度时,存货成本不能准确地反映其现时成本,从而降低存货价值,导致低估企业的短期偿债能力。因此,在计算和分析存货周转率时应保持计价方法的一致性。当存货计价方法变动时,应对此加以说明,并计算这一变动对存货周转率的影响方向及影响程度。

第三,如果企业的生产经营活动具有很强的季节性,则年度中各季度的销售或成本与存货都会有较大幅度的波动,则仅用年初和年末余额简单计算存货平均占用额,显然是不客观的。因此,为了客观反映企业的营运状况,平均存货应该按月份或季度余额来计算,先求出各月份或各季度的平均存货,然后再计算全年的平均存货。

例3.2 根据W集团财务报表的有关资料,计算该公司2013~2017年存货周转率的有关指标,计算结果见表3.2,并对该公司连续5年的存货周转率进行趋势分析。

表3.2 W集团存货周转率计算表

金额单位:百万元

项目	2017年	2016年	2015年	2014年	2013年
营业成本	160 080	169 742	138 151	102 557	92 798
存货期初余额	467 361	368 122	317 726	331 133	255 164
存货期末余额	598 088	467 361	368 122	317 726	331 133
存货平均余额	532 725	417 742	342 924	324 430	293 149

续表3.2

项目	2017 年	2016 年	2015 年	2014 年	2013 年
存货周转次数	0.30	0.41	0.40	0.32	0.32
存货周转天数	1 217	890	913	1 141	1 141

根据表3.2可知，W集团2017年存货一年周转0.3次，周转一次需1 217天，与前四年相比，存货周转能力有较大幅度下降，说明公司营运能力有所降低。总体而言，W集团2013~2017年的存货周转次数较少，说明公司存货变现速度很慢，存货运用效率不高，但存货周转速度偏低不一定代表公司的经营不出色，判断一个适当的存货周转速度除参考公司的历史水平，还应该参考同行业的平均水平，以及行业的诸多影响因素。

三、流动资产周转率分析

流动资产周转率是指一定时期内企业营业收入与流动资产平均余额的比值。流动资产周转率反映的是全部流动资产的利用效率，是衡量企业一定时期内（通常为一年）流动资产周转速度的快慢及利用效率的综合性指标。流动资产周转率的计算公式见式(3.11)与式(3.12)。

$$流动资产周转率 = 营业收入 \div 流动资产平均余额 \qquad (3.11)$$
$$流动资产平均余额 = (期初流动资产 + 期末流动资产) \div 2 \qquad (3.12)$$

企业流动资产周转率还用流动资产周转天数来分析，它是指流动资产周转一次所需要占用的时间，计算公式见式(3.13)。

$$流动资产周转天数 = 360 \div 流动资产周转率 \qquad (3.13)$$

一般情况下，流动资产周转率越高，流动资产周转天数越短，表明流动资产周转速度越快，对流动资产的利用越好。因为流动资产周转速度越快，企业的流动资产占用额就会越节约，企业的盈利能力越强；而较慢的周转速度需要补充更多的流动资产参与周转，会造成资金的浪费，降低企业的盈利能力。

从流动资产周转率的计算公式可以看出，企业加速流动资产周转，必须从提高营业收入净额和降低平均流动资产占用额两个方面入手。第一，在提高营业收入净额方面，企业要加强市场调查和预测，根据市场需要，开发适销对路的产品，并根据市场的变化情况，及时调整产品结构；还要强化销售工作，采取有效的销售策略开拓市场，提高市场占有率，加快产品的销售过程。第二，在降低平均流动资产占用额方面，基本的途径包括：①加强定额管理，制定和贯彻先进合理的流动资产消耗定额和储备定额，降低材料及能源等的消耗量，降低各项存货的储备量；②强化上游供应链，努力降低材料采购成本和产品制造成本；③采取技术措施和管理措施，提高生产效率和工作效率，缩短周转期，包括生产周期、存货的供应、在途、验收、整理准备和库存等环节的时间；④制定合理的信用政策和应收账款的催收政策，加快货款结算；⑤定期清仓查库，及时处理积压产品和物资；⑥避免长久过量存款。

在分析流动资产周转率时需要注意的是，流动资产周转率虽然可以比较全面地反映企业流动资产的运营能力，但是不能仅依靠该指标的高低来判断企业运营能力的好坏；在分析时，要结合企业的其他影响因素来判断，如企业所处的行业与生命周期、企业以前年度的水平、企业管理体制与组织构架、信用政策等，以便更加客观地判断企业的实际运营情况。

四、固定资产周转率分析

以下将对固定资产周转率的定义、计算及分析进行介绍。

（一）固定资产周转率的定义及计算

固定资产周转率，也称固定资产利用率，是企业营业收入与固定资产平均净值之比。该比率指标反映企业固定资产周转速度的快慢、变现能力强弱以及固定资产的有效利用程度。

固定资产周转率的计算公式见式(3.14)。

$$固定资产周转率 = 营业收入 \div 固定资产平均净值 \qquad (3.14)$$

固定资产净值是指固定资产原值扣减累计折旧后的余额；而上述公式中的分母"固定资产平均净值"，是期初固定资产净值与期末固定资产净值的平均数，可用公式(3.15)表示如下。

$$固定资产平均净值 = (期初固定资产净值 + 期末固定资产净值) \div 2 \qquad (3.15)$$

与前述应收账款周转率、存货周转率及流动资产周转率相同，固定资产周转率也可以用其周转天数表示，计算公式见式(3.16)。

$$固定资产周转天数 = 360 \div 固定资产周转率 \qquad (3.16)$$

固定资产周转率表示在一个会计期间内每1元固定资产所支撑的营业收入。固定资产周转率越高，说明企业固定资产的利用效率越高，管理水平越好。在一定时期内固定资产提供的收入较多，说明固定资产投资得当，结构分布合理，营运能力较强；反之，则说明企业固定资产利用效率低，提供的生产经营成果不多，设备闲置，未能物尽其用。固定资产周转率指标没有绝对的判断标准，一般通过与企业原来的水平相比较加以考察，因为种类、数量、时间均基本相似的机器设备与厂房等外部参照物几乎不存在，即难以找到外部可以借鉴的标准企业和标准比率。

（二）固定资产周转率的分析

计算并分析固定资产周转率时要注意以下几个问题。

第一，企业固定资产所采用的折旧方法和折旧年限的不同，会导致不同的固定资产账面净值，也会对固定资产周转率的计算产生重要影响。

第二，企业的固定资产一般采用历史成本计量属性，因此在企业的固定资产、销售都并未发生变化的条件下，也可能由于通货膨胀导致物价上涨等因素而使营业收入虚增，导致固定资产周转率的提高，而实际上企业的固定资产效能并未增加。

第三，企业的营业收入并不是由固定资产的周转价值带来的。企业的营业收入只能直接来自流动资产的周转，而且固定资产要完成一次周转必须经过整个折旧周期，因此，如果用营业收入除以固定资产平均占用额来反映固定资产的周转速度具有很大的缺陷，即它并非固定资产的实际周转速度。但是，如果从固定资产对推动流动资产周转速度和周转额的作用来看,固定资产又与企业的流动资产联系,即流动资产规模、周转额及周转速度影响固定资产的生产能力及利用效率。

第四,一般而言,固定资产的增加不是渐进的,而是突然上升的,这也会导致固定资产周转率的变化。

在进行固定资产周转率分析时,注意到上述问题的存在并合理地加以解决,能够使财务报表的分析结论更具有合理性和可靠性。

五、总资产周转率分析

总资产是企业拥有或控制的、能以货币计量的,并能给企业带来未来经济利益的全部经济资源。

(一)总资产周转率的定义及计算

总资产周转率,也称总资产利用率,是企业营业收入与总资产平均余额的比率,即企业的总资产在一定时期内(通常是一年)周转的次数。该比率指标是考察总资产营运效率的一项重要指标,反映了全部资产的管理质量和利用效率。总资产周转率的计算公式见式(3.17)。

$$总资产周转率 = 营业收入 \div 总资产平均余额 \quad (3.17)$$

式(3.17)中,分母总资产平均余额可用其期初数与期末数的平均值来计算,用公式(3.18)表示如下。

$$总资产平均余额 = (期初总资产余额 + 期末总资产余额) \div 2 \quad (3.18)$$

与前述几个周转率指标相同,总资产周转速动也可以用其周转天数来表示,计算公式见式(3.19)。

$$总资产周转天数 = 360 \div 总资产周转率 \quad (3.19)$$

总资产周转率综合反映了企业整体资产的营运能力,一般来说,周转次数越多或周转天数越少,表明其周转速度越快,营运能力也就越大。在此基础上,应进一步从各个构成要素进行分析,以便查明总资产周转率升降的原因。企业可以通过薄利多销的办法,加速资产的周转,带来利润绝对额的增加。

(二)总资产周转率分析时需注意的问题

在计算总资产周转率时需注意如下几个问题。

1. 计算期的确定

通常以一年为一个计算期间,按全年360天计算周转天数,并且要保证企业前后各期计算时应保持一致,以使总资产周转率具有可比性。

2. 总资产平均余额的确定

这里的总资产是指企业资产负债表中列示的全部资产总额。在实务中,总资产平均余额的计算可以按年、季、月份采用简单算数平均法计算及加权算数平均法计算。对那些季节性较强的经营企业,全年各个月份资产数额波动较大,采用各月末资产余额的加权平均数可以更好地反映企业实际的状况。

3. 销售收入净额的确定

销售收入净额是指销售收入扣除销售折扣、销售折让、销货退回等后的金额,尤其是要注意资产负债表的日后调整事项以及跨期间销售退回对销售收入净额的影响。

由总资产周转率计算公式可以得出,影响总资产营运能力的主要因素是企业营业收入水平和各项分类资产的利用状况。所以,要提高企业总资产的营运能力,首先要确定各项资产的合理比例,尤其是流动资产和固定资产的比例关系,防止流动资产或固定资产出现闲置;其次要提高各项资产的利用效率,尤其是流动资产中的应收账款和存货的周转速度(或周转率)及固定资产的利用效率,固定资产利用效率的提高与否主要取决于固定资产是否全部投入使用,投入使用的固定资产是否满负荷运转,因此必须结合企业的生产能力、生产规模确定固定资产的投资规模;最后,应做到在总资产规模不变的情况下尽可能地扩大营业收入。为此,企业要面向市场,努力开发新产品,提高市场占有率。

本章小结

营运能力是指公司的经营运行能力,即企业运用各项资产以赚取利润的能力。企业营运能力的财务分析比率有应收账款周转率、存货周转率、流动资产周转率、固定资产周转率和总资产周转率等。

企业经营的目的在于有效运用各项资产以获得最大利润。利润来源于营业收入,但只有凭借资产、运用资产才能取得营业收入。企业的营运能力越强,资产运用效率越高,企业的业务越发达,营业收入越多,利润越大。所以,无论是企业管理者、投资者、债权人还是其他利益相关者,都非常关注企业的营运能力。

企业的营运能力直接影响着企业的偿债能力,企业的盈利能力的高低,既取决于产品的盈利能力,又受资产营运能力的影响,盈利能力和营运能力体现企业的经营绩效。本章对营运能力进行分析,主要阐述了营运能力分析的目的,并且根据不同的资产类型对流动资产的营运能力、非流动资产的营运能力、总资产营运能力进行了详细的分析,其意义在于进一步为改善经营管理、增强企业营运能力指明方向。

第三章章后习题

一、单项选择题

(1)流动资产占总资产的比重是影响( )指标变动的重要因素。
A. 总资产周转率分析　　　　　　B. 固定资产周转率分析
C. 流动资产周转率分析　　　　　D. 存货周转率分析

(2)从资产流动性方面反映总资产效率的指标是( )。
A. 总资产周转率分析　　　　　　B. 固定资产周转率分析
C. 流动资产周转率分析　　　　　D 存货周转率分析

(3)应收账款周转率越高越好,但是它不能表明( )。
A. 收款迅速　　　　　　　　　　B. 减少坏账损失
C. 资产流动性高　　　　　　　　D. 销售收入增加

(4)存货周转率偏低的原因可能是( )。

A. 应收账款增加　　　　　　　　B. 产品滞销
C. 降价销售　　　　　　　　　　D. 销售政策发生变化
(5)固定资产周转率的计算公式是(　　)。
A. 固定资产周转率＝营业收入净额/固定资产平均净值×100%
B. 固定资产周转率＝营业收入净额/资产平均总额×100%
C. 固定资产周转率＝销货成本/平均存货余额×100%
D. 固定资产周转率＝计算期天数/应收账款周转次数

二、多项选择题(备选项中至少有两个选项是正确的)
(1)反映企业营运能力的指标有(　　)。
A. 应收账款周转率　　B. 存货周转率　　C. 流动资产周转率
D. 固定资产周转率　　E. 总资产周转率
(2)应收账款周转率的影响因素有(　　)。
A. 季节性经营的企业使用这个指标时不能反映实际情况
B. 大量使用分期收款结算方式
C. 大量使用现金结算的销售
D. 年末销售大量增加或年末销售大幅减少
E. 企业的偿债能力比较好
(3)反映企业流动资产周转速度的指标有(　　)。
A. 流动资产周转率　　B. 流动资产垫支周转率　　C. 存货周转率
D. 存货构成率　　E. 应付账款周转率
(4)企业营运能力分析主要包括(　　)。
A. 流动资产周转率分析　　B. 非流动资产周转率分析
C. 总资产周转率分析　　　D. 存货周转率分析
E. 固定资产周转率分析
(5)影响存货周转率的因素有(　　)。
A. 材料周转率　　B. 在产品周转率　　C. 总产值生产费
D. 产品生产成本　　E. 产成品周转率

三、判断并说明理由题(在括号中以√或×表示判断结果,并在次行说明理由)
(1)从一定意义上讲,流动性比收益性更重要。(　　)

(2)只要增加总产值,就能提高总资产产值率。(　　)

(3)总资产收入率与总资产周转率的经济实质是一样的。(　　)

(4)在其他条件不变时,流动资产比重越高,总资产周转速度越快。(　　)

(5)资产周转次数越多,周转天数越多,说明资产周转速度越快。(　　)

四、思考探究题
(1)你认为企业的营运能力是什么?
(2)可以采用哪些比率指标衡量企业的营运能力?请同时阐述采用的理由。
(3)请简述应收账款周转率的定义及计算公式。
(4)如何使用存货周转率指标对企业的营运能力进行评价和分析?
(5)采用固定资产周转率指标进行营运能力分析时需要注意哪些事项?

五、案例分析题

T公司营运能力分析

T公司成立至今已有约350年的历史。公司主要生产、加工中成药制剂、化妆品和销售中成药、西药制剂、生化药品等,以创新引领、科技兴企为己任,其收入、利润、出口创汇及海外终端数量均居全国同行业前列。T公司1997年在上海证券交易所上市,发展至今,已经成为跨国经营的国有公司。

T公司属于中药材及中成药加工企业,存货是该类企业的重要资产项目,同时,产品存在流通与销售,企业会利用一定的商业信用,因而,应收款项、应付款项在该类企业中也是普遍存在的。分析该类企业的营运能力,首先需要重点关注重要的资产项目及其营运情况,包括存货周转情况以及应收账款周转情况。

正如该行业的特点,存货在T公司流动资产中的比重较大,进一步查找公司报表附注,可发现公司存货类型较多,有原材料、在产品、产成品及库存商品、低值易耗品、在途物资、材料物资和包装物等。T公司从事医药工业和医药商业活动,存货比重大并且是重要的资产项目之一,但存货周转率却不高,从资产管理角度看,加强存货管理,提高存货使用效率是该公司需要关注的重点;合理地安排各类存货的数量,加快存货的周转,提高存货运营效率,也是中药加工企业资产管理的重要内容之一。

T公司2015~2018年财务报表的主要资料见表3.3。

表3.3　T公司2015~2018年财务报表的主要资料

单位:亿元

项目	2015年	2016年	2017年	2018年
货币资金	47.48	58.59	59.07	68.58
应收票据	3.254	9.185	11.75	10.84
应收账款	8.647	9.258	11.73	11.95
预付账款	1.760	2.207	2.599	2.721

续表3.3

项目	2015年	2016年	2017年	2018年
其他应收款	0.908 7	1.183	1.481	1.706
存货	50.42	53.28	59.13	62.89
其他流动资产	1.621	0.820 1	1.073	1.456
流动资产合计	114.1	134.5	146.8	160.1
可供出售金融资产	0.100 9	0.220 0	0.128 9	0.136 4
长期股权投资	0.292 8	0.251 1	0.252 0	0.176 8
在建工程	8.717	13.32	12.62	14.15
无形资产	3.391	3.459	3.452	3.765
商誉	0.445 3	0.473 4	0.444 4	0.464 3
长期待摊费用	1.490	1.636	2.036	2.304
递延税款借项合计	0.764 7	0.986 3	0.990 2	1.312
非流动资产合计	29.51	36.07	40.25	44.63
资产总计	143.6	170.6	187.1	204.8
营业收入	109.0	120.9	133.8	142.1
营业成本	58.95	65.32	71.91	75.67

思考与讨论题

(1)计算T公司2016年、2017年、2018年的应收账款周转率(天数)、存货周转率(天数)、流动资产周转率(天数)、固定资产周转率(天数)和总资产周转率(天数)。

(2)根据计算得出的数据分析该企业存货周转率和总资产周转率所反映的问题。

(3)运用水平分析法对T公司的资产结构与营运能力进行评价。

(4)对该公司连续三年的总资产运用效率进行趋势分析。

(5)请对T公司当前存在的问题提出若干对策或建议。

第四章 企业盈利能力分析

本章学习目标
(1)了解盈利能力的概念,盈利能力分析的影响因素及作用。
(2)理解评价盈利质量时利润与现金流对比的思路。
(3)掌握企业盈利能力分析的各种类型的分析指标及分析方法,掌握盈利质量的分析方法。

第一节 企业盈利能力的基本内涵

盈利是企业生存和发展的前提,对资金增值的不断追求是企业资金运动的动力源泉和直接目的。无论是企业所有者、债权人、公司管理层,还是其他利益相关者,都对企业的盈利能力分析存在潜在需求。

一、盈利能力的含义

盈利能力,也称获利能力,是企业赚取利润的能力,即企业资金增值的能力。盈利能力分析指通过一定的分析方法,剖析、鉴别、判断企业能获取多大数量和多高质量利润的能力;具体而言就是分析企业盈利多少、盈利水平高低、获取利润的渠道及获取利润方式的合理性,以及盈利能力的稳定性和持久性。

企业的利益相关者均对盈利能力分析有需求。通过盈利能力分析,企业所有者能够及时了解企业的发展前景和投资风险,评价企业经营管理者的业绩,制定合理的薪酬制度,并及时纠正企业经营管理中存在的问题。企业债权人关心企业能否及时足额偿还本息,而企业的偿债能力和支付能力,从根本上取决于企业盈利能力的稳定性和持久性。承担着受托责任的企业管理者的经营业绩和管理效率集中表现在企业盈利的数量和质量上,其薪酬及职位的升迁与企业盈利能力息息相关。企业较强的盈利能力也是职工福利、政府税收的重要保障,因此对企业盈利能力进行分析是非常重要的也是必要的,盈利能力分析在财务报表分析中也处于核心地位。

二、盈利能力分析的影响因素及作用

盈利能力的影响因素较多,盈利能力分析在实践中起着非常重要的作用,以下将对这两个问题进行论述。

(一)盈利能力的影响因素

企业盈利能力受各方面因素的影响,分析这些因素的影响对评价企业盈利能力非常重要。

1. 企业生产经营能力决定企业的盈利能力

企业生产经营能力强,企业各生产要素(包括资本、劳动、技术、土地等)投入产出比就高,企业销售收入扩大,成本费用相对降低,从而带来较高的盈利水平。企业资金营运能力强,就可以用较少的资金投入获得较多的销售收入,从而获得更多的盈利。

2. 企业成本费用水平对盈利能力产生反方向的影响

企业的盈利能力一方面取决于销售收入的高低,另一方面也受成本费用水平的影响。企业的成本费用控制水平和管理水平越高,就意味着企业可以用较低的投入获得更高的产出,则企业的盈利能力越强。

3. 经营风险和财务风险影响企业盈利能力

根据收益与风险均衡的原理,在现行市场经济条件下,高收益必然伴随着高风险。企业在经营风险、财务风险与盈利能力之间必须进行均衡,防止为追求过高的盈利而冒着可能不能承受的风险,或为了规避风险而错失良好的盈利机会。

(二)盈利能力分析的作用

盈利能力分析的作用可从如下三个方面进行论述。

1. 反映并评价企业一定时期的经营业绩

利润是企业一定经营时期的经营业绩的直观表现,是评价经营业绩的主要指标。盈利能力分析能帮助企业各利益相关者了解企业利润的获得方式和获取能力。

2. 及时准确地发现企业经营理财中可能存在的问题

将企业盈利水平与所处行业的平均水平或同行业先进企业的盈利水平进行对比分析,能够帮助企业及时发现企业经营理财中的差距和缺陷。

3. 为利益相关者提供决策和管理依据

通过盈利能力分析,发现问题、寻找原因、总结经验、预测未来,可为各利益相关者进行科学的投资决策和经营管理提供依据。

第二节 企业盈利能力分析

一、以利润要素为基础的盈利能力评价指标

以企业利润表为基础的盈利能力评价指标,是指采用计算利润时所用到的销售收入及成本费用等指标,与该企业的利润进行比对,以衡量企业的盈利能力高低。这些比率指标包括销售利润率和成本费用利润率两类,这两类比率指标又可细化出若干衍生指标。

(一)销售利润率的计算与分析

销售利润率,也称营业利润率,是指企业一定时期取得的利润与其营业收入的比率。其计算公式为

$$销售利润率 = 利润 \div 营业收入 \times 100\% \qquad (4.1)$$

企业利润一般指收入扣除费用后的剩余,但由于扣除的费用项目范围不同,利润会有主营业务利润、营业利润、息税前利润、利润总额、税后利润等多种形式。根据不同的利

润,与营业收入在计算口径上匹配,可以反映不同的销售利润率,包括销售毛利率、息税前利润率、营业利润率、销售净利率等。不同的销售利润率,其内涵不同,揭示的收入与利润关系不同,在分析中所起的作用亦不相同,以下将分别介绍这4个衍生指标。

1. 销售毛利率

销售毛利率,指销售毛利与营业收入之间的比率,即营业收入与营业成本的差额同营业收入之间的比率。该指标反映每一元销售收入扣除销售成本后,可以用于抵补各项期间费用及形成盈利的比率。

销售毛利率是企业盈利的基础,没有充足的毛利率,企业无法获得必要的利润水平。销售毛利率的计算公式为

$$销售毛利率 = \frac{销售毛利}{营业收入} \times 100\% = \frac{营业收入-营业成本}{营业收入} \times 100\% \tag{4.2}$$

2. 息税前利润率

息税前利润率,指息税前利润与营业收入之间的比率,而分子息税前利润是利润总额与利息支出之和。息税前利润率的计算公式为

$$息税前利润率 = \frac{息税前利润}{营业收入} \times 100\% = \frac{利润总额+利息支出}{营业收入} \times 100\% \tag{4.3}$$

3. 营业利润率

营业利润率,指营业利润与营业收入之间的比率,本质上是将企业某一期间的营业收入与营业利润进行对比,分析企业营业收入所带来的对应利润的多少,以此判断企业盈利能力的高低。营业利润率的计算公式为

$$营业利润率 = \frac{营业利润}{营业收入} \times 100\% \tag{4.4}$$

4. 销售净利率

销售净利率,指净利润与营业收入之间的比率。该指标反映每一元销售收入所带来的净利润的多少,表示销售收入的收益水平,因此亦可以反映企业盈利能力的高低。销售净利率的计算公式为

$$销售净利率 = \frac{净利润}{营业收入} \times 100\% \tag{4.5}$$

以上4个衍生指标均属于销售利润率指标。销售利润率指标是正指标,指标值越高越好。分析时应根据分析目的与要求,确定适当的标准值,如行业平均值、全国平均值、公式目标值等,以方便对被分析企业进行定性评价。

通过分析销售利润率的升降变动,可以促使企业在扩大销售的同时,注意改善经营管理,提高盈利水平。

例4.1 根据W集团财务报表的有关资料,计算该公司2015~2017年的销售净利率及其对比变动情况,有关数据见表4.1及表4.2。

表 4.1　W 集团利润表中的财务数据

单位：百万元

项目	2017 年	2016 年	规模变动情况		2015 年
			增减额	增减率/%	
营业收入	242 877	240 477	2 400	1.00	195 549
营业成本	160 080	169 742	-9 662	-5.69	138 151
营业利润	50 813	39 022	11 791	30.22	33 123
利润总额	51 142	39 254	11 888	30.28	33 803
净利润	37 208	28 350	8 858	31.25	25 949
利息费用	2 075	1 592	483	30.34	478
息税前利润	49 067	37 662	11 405	30.28	33 325

表 4.2　W 集团销售利润分析表

项目	2017 年	2016 年	规模变动情况		2015 年
			增减额	增减率/%	
销售毛利率/%	34.10	29.41	4.69	15.95	29.35
息税前利润率/%	20.20	15.66	4.54	29.00	17.04
营业净利率/%	15.32	11.79	3.53	29.94	13.27
销售净利率/%	15.32	11.79	3.53	29.94	13.27

从表 4.2 可以看出，W 集团 2017 年各项销售利润率较 2016 年都有所上升，说明企业盈利能力在提升。与同行业平均值相比，各项指标均表明 W 集团的盈利能力相对较强。

此外，各销售利润率从不同角度说明了公司的盈利情况。其中，绝对值上升最大的是销售毛利率，比上年上升了 4.69%。该指标可反映每 100 元营业收入扣除营业成本后，有多少钱可以用于补偿各项期间费用和形成盈利。销售毛利率是公司销售净利率的基础，如果销售毛利率高，则有可能形成更大的盈利，所以，该指标值越大，表明盈利能力越强。

为进一步分析并评价 W 集团真实的盈利情况，仅分析其两年或三年的销售利润率是不够全面的；为此，需计算 W 集团更多期间的销售毛利率，计算结果如表 4.3 所示。

表 4.3　W 集团销售毛利率趋势分析表

项目	2017 年	2016 年	2015 年	2014 年	2013 年	2012 年
销售毛利率	34.10%	29.41%	29.35%	29.94%	31.47%	36.56%

根据表 4.3 可绘制出 W 集团的销售毛利率趋势分析图，如图 4.1 所示。

根据表 4.3 及图 4.1 可知，W 集团近六年的销售毛利率呈现出一个先下降后上升的趋势，说明企业近六年的盈利能力并不稳定。集团需要在此基础上进一步研究各项销售毛利率之间的关系，从而了解某利润率提高受其他利润率影响的状况。

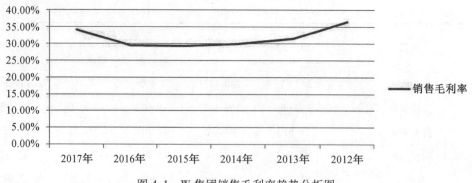

图 4.1　W 集团销售毛利率趋势分析图

（二）成本费用利润率的计算与分析

成本费用利润率，是指企业在一定期间的利润总额与成本费用总额的比率。该比率指标是一种投入产出比，以所耗费的成本费用为视角评价企业的对应期间的利润产出，因此本质上是一种效率比。成本费用利润率的计算公式为

$$成本费用利润率=\frac{利润总额}{成本费用总额}\times 100\% \tag{4.6}$$

上述公式中，分母"成本费用总额"是销售成本与期间费用之和，可用公式（4.7）表示为

$$成本费用总额=销售成本+销售费用+管理费用+财务费用 \tag{4.7}$$

成本费用利润率指标是正指标，即指标越高越好，指标越高表明企业为取得利润而付出的代价越小，成本费用控制得越好，盈利能力越强。利用该指标进行分析评价时，可将各指标实际值与标准值进行对比，以寻求差异，对企业有一个更客观的评价。

在评价成本费用开支的效果时，应该注意成本费用与利润之间在计算层次和口径上的对应关系。根据成本费用开支范围的不同，可将成本费用利润率衍化为 4 种指标，分别是营业成本利润率、营业费用利润率、全部支出总利润率及全部支出净利润率。

1. 营业成本利润率

营业成本利润率，指企业营业利润与营业成本之间的比率，计算公式见式（4.8）。

$$营业成本利润率=\frac{营业利润}{营业成本}\times 100\% \tag{4.8}$$

2. 营业费用利润率

营业费用利润率，指营业利润与营业费用之间的比率。营业费用包括营业成本、营业税金及附加、期间费用及资产减值损失。该指标与上述营业成本相比，分母考虑的范围扩大了。该指标的计算公式为

$$营业费用利润率=\frac{营业利润}{营业费用}\times 100\% \tag{4.9}$$

3. 全部支出利润率

全部支出利润率是指营业利润与全部支出之比；其中分母"全部支出"是在上一个比率指标"营业费用利润率"的基础上，将分母考虑的范围再次扩大，将营业外支出考虑进

来。正因为如此,考虑到分子分母的匹配性,分子就不宜再用营业利润,而应对应地使用更高范围的利润指标,比如利润总额或净利润。

综上,全部支出利润率可分为全部支出总利润率和全部支出净利润率两种形式,计算公式分别见式(4.10)及式(4.11)。

$$全部支出总利润率 = \frac{利润总额}{营业费用+营业外支出} \times 100\% \quad (4.10)$$

$$全部支出净利润率 = \frac{净利润}{营业费用+营业外支出} \times 100\% \quad (4.11)$$

以上各种利润率指标反映了公司投入产出水平,即所得与所费的比率,体现了利润是以降低成本及费用为基础的。这些指标的数值越高,表明生产和销售产品的每一元成本及费用取得的利润越多,劳动耗费的效益越高;反之则说明每一元成本及费用取得的利润越少,劳动耗费的效益越低。所以成本费用利润率是综合反映公司成本效益的重要指标。

二、以企业资产为基础的盈利能力分析

企业的资产由投资者投入或债权人借入形成,构成企业的长期负债和短期负债。资金的取得是有成本的,公司必须通过有效的投资获取超过资金成本的收益,才能在激烈的市场竞争中生存、发展并盈利;利润的多少与企业资产的多少、资产的结构、经营管理水平等有着密切的联系。以企业资产负债表为基础的盈利能力分析即是以所拥有的资产视角考评企业所获得的利润,形成的比率指标统称为资产收益率。

资产收益率是公司一定期限内投入资产所实现的收益。由于公司资产存在多种形式,在指标的设计上应遵循重要性原则和成本效益原则,通常采用最主要的营运资产项目和类别作为资产收益率的代表;同时,还需要考虑公司长期的盈利能力。因此,以资产为基础的盈利能力的具体衡量指标包括总资产收益率、流动资产收益率、固定资产收益率、投资收益率及长期资本收益率。

(一)总资产收益率

总资产收益率知识点包括该指标的定义、因素分析及其变形形式,以下将对其分别论述。

1. 总资产收益率的定义

总资产收益率也称总资产报酬率(Return on Total Assets,ROA),是公司一定时期内实现的收益总额与该时期公司总资产平均余额的比率。该比率指标是评价公司资产综合利用效果、公司总资产盈利能力以及公司经济效益的核心指标,计算公式见式(4.12)。

$$总资产收益率 = \frac{息税前利润}{总资产平均余额} \times 100\% = \frac{利润总额+利息支出}{总资产平均余额} \times 100\% \quad (4.12)$$

总资产收益率越高,说明公司总资产的运用效率越好,也意味着公司的资产盈利能力强。评价总资产收益率时,需要与公司前期的总资产收益率、同行业其他公司或先进公司的同一比率进行比较,并进一步找出影响该指标的各个因素,以便公司加强经营管理。

2. 总资产收益率的影响因素分析

为了便于深入分析总资产收益率,明确公司管理的重点和方向,可对总资产收益率的

原始计算公式进行分解,形成总资产收益率公式的另一种形式。分解过程具体如下所示。

$$总资产收益率 = \frac{收益总额}{总资产平均余额} \times 100\%$$

$$= \left(\frac{营业收入}{总资产平均余额}\right) \times \left(\frac{息税前利润}{营业收入}\right) \times 100\%$$

$$= 总资产周转率 \times 息税前利润率 \quad (4.13)$$

可见,影响总资产收益率的因素有如下两个。第一,总资产周转率;作为反映公司资产运营能力的指标,可用于说明公司资产的运用效率,是公司资产经营效果的直接体现;总资产周转率与资产结构有关,资产结构直接影响公司的盈利能力。第二,息税前利润率;该指标反映公司产品生产经营的盈利能力,即产品经营能力越强,息税前利润率越高。

总之,资产运用效率越好,资产周转率越快,息税前利润率越高,总资产收益率越高;反之,总资产收益率越低。通过该公式可以对总资产收益率变化的具体原因进行因素分析。

3. 总资产净利率

总资产净利率是总资产收益率的另外一种形式,它等于净利润除以平均总资产,具体公式见式(4.14)。

$$总资产净利率 = \frac{净利润}{平均总资产} \times 100\% \quad (4.14)$$

总资产净利率是反映企业投入与产出、所费与所得对比利用效率关系的一项综合性经营效率指标。该指标值越高,表明资产的利用效率越高,说明企业在增收节支和节约资金使用等方面取得了良好的效果;反之亦然。判断总资产净利率指标高低需参照社会平均水平、行业平均水平、本企业前期计划水平等指标,以正确评价企业经营效益的高低,分析形成差异的原因,从而挖掘企业提高利润水平的潜力。

总资产净利率是为了正确评价企业的经济效益、提高利润水平的能力,可以将该指标进一步分解为资产周转率和销售净利率,具体分解过程见式(4.15)。

$$总资产净利率 = \frac{净利润}{平均总资产} \times 100\%$$

$$= \left(\frac{净利润}{营业收入}\right) \times \left(\frac{营业收入}{平均总资产}\right) \times 100\%$$

$$= 销售净利润率 \times 总资产周转率 \quad (4.15)$$

式(4.15)表明,总资产净利率受总资产周转率和销售净利润率共同作用。总资产周转率与资产结构有关,资产结构影响公司的盈利能力,因此要提高总资产净利率,不仅要加快资产周转速度,扩大销售规模,提高资产的利用效率,而且尽可能地降低消耗,提高投入产出比,加强产品经营能力,提高资金营运能力。

例4.2 根据W集团财务报表的有关资料,计算该公司2015~2017年的总资产净利率及其对比的变动情况,有关数据见表4.4。

表 4.4　W 集团总资产净利率分析表

项目	2017 年	2016 年	规模变动情况		2015 年
			增减额	增减率/%	
总资产周转率/次	0.24	0.33	−0.09	−27.27	0.35
销售净利率/%	15.32	11.79	3.53	29.94	13.27
总资产净利率/%	3.73	3.93	−0.20	−5.09	4.64

根据表 4.4,可分析确定销售净利率和总资产周转率变动对总资产净利率的影响,包括影响方向及影响程度。

分析对象:总资产净利率的变化 = 3.73% − 3.93% = −0.2%

因素分析过程如下。

(1)销售净利率变动的影响 = (15.32% − 11.79%) × 0.33 ≈ 1.16%;

(2)总资产周转率变动的影响 = (0.24 − 0.33) × 15.32% ≈ −1.38%。

分析结果表明,W 集团 2017 年总资产净利率比上年降低了 0.2%,主要是由于总资产周转速度的减慢使得总资产净利率降低了 1.38%。因此,要提高集团的总资产净利率,增强公司的盈利能力,更需要努力提升总资产周转率。

(二)流动资产收益率

流动资产收益率是公司在一定期限内实现的收益额与该时期公司平均流动资产总额的比率,是反映公司流动资产运用效率的综合指标,计算公式为

$$\text{流动资产收益率} = \frac{\text{利润总额(或净利润)}}{\text{平均流动资产总额}} \times 100\% \quad (4.16)$$

与总资产收益率相似,流动资产收益率可与流动资产周转率和销售利润率结合使用,分析后两个因素对流动资产收益率的影响。

(三)固定资产收益率

固定资产收益率是公司在一定期限内实现的收益额与该时期公司平均固定资产总额的比率,是反映公司固定资产利用效果的综合指标。该指标的计算公式为

$$\text{固定资产收益率} = \frac{\text{利润总额(或净利润)}}{\text{平均固定资产总额}} \times 100\% \quad (4.17)$$

式(4.17)中,分母"平均固定资产总额"不包括在建工程,且一般采用固定资产原值进行计算。因为固定资产原值代表着公司的生产能力规模,而且采用固定资产原值就剔除了折旧的影响,还可以排除固定资产新旧程度对固定资产利用效果的影响。根据分析目的,以及为了分析便利,分母也可以采用平均固定资产净值。

在评价公司固定资产的利用效果时,也可以把未用固定资产剔除出去,计算在用固定资产收益率,以便更全面地反映公司生产经营环节的质量和效果。在用固定资产收益率的计算公式如下所示。

$$\text{在用固定资产收益率} = \frac{\text{利润总额(或净利润)}}{\text{平均在用固定资产原值}} \times 100\% \quad (4.18)$$

此时,固定资产收益率可用固定资产使用率与在用固定资产收益率的乘积来表示,具

体见式(4.19)。

$$固定资产收益率 = 固定资产使用率 \times 在用固定资产收益率 \qquad (4.19)$$

$$固定资产使用率 = \frac{在用固定资产原值}{全部固定资产原值} \times 100\% \qquad (4.20)$$

固定资产收益率的分析可参照总资产收益率的分析进行。但对固定资产收益率的分析有以下几点需要注意:第一,并不是所有公司都需要进行固定资产收益率的分析,对于技术密集型和资金密集型企业来说,考核固定资产收益率的意义比较大,但是,劳动密集型或设备陈旧甚至是超期服役的情况下,考核该指标意义不大;第二,固定资产收益率没有绝对的判断标准,单项固定资产收益率指标也不足以说明固定资产的利用效果,一般需要与公司历史水平相比较来考察并进行趋势分析;第三,因为采用种类、数量及使用时间基本相似的机器设备和厂房作为参照物的情况几乎不存在,即难以找到外部可以借鉴的标准公司和标准比率,所以对该指标进行同行业比较分析的意义不大。

(四)投资收益率

投资收益率是在分析企业盈利能力时使用频率较高的一个比率指标,以下将对其定义及分析进行介绍。

1. 投资收益率的定义及公式

投资收益率是指公司在一定期限内实现公司对外投资的收益与平均对外投资总额的比率,用于衡量公司对外投资的收益水平。该指标计算见式(4.21)。

$$投资收益率 = \frac{投资净收益}{平均对外投资总额} \times 100\% \qquad (4.21)$$

式(4.21)中,投资净收益数据来自公司利润表的"投资收益"项目。需要说明的是,公司利润表中"投资收益"的主要来源包括长期股权投资、交易性金融资产、持有至到期投资、可供出售金融资产持有期间取得的投资收益及出售该资产取得的投资收益。公司持有的交易性金融资产主要是出于资产保值目的,而不是真正意义上的投资,从理论上讲,应该从"投资收益"项目中扣除,但由于外部报表使用者无法取得公司持有交易性金融资产所取得的投资收益或投资损失数据,所以,式(4.19)中的投资净收益直接取自利润表中的"投资收益"项目。平均对外投资总额为公司资产负债表中长期股权投资、交易性金融资产、持有至到期投资及可供出售金融资产的年初数与年末数的平均值。

2. 投资收益率的分析

进行投资收益率分析时,可将投资收益率与总资产收益率进行比较,如果投资收益率对公司的投资战略产生不利影响,则对外投资是不划算的。这也是公司是否进行对外投资的一个重要参考依据。

(五)长期资本收益率

长期资本收益率是从长期、稳定的资本投入角度考察该部分资本的回报,是收益总额与长期资本平均占用额之比,用来说明公司运用长期资本赚取利润的能力。该指标的计算见式(4.22)。

$$长期资本收益率 = \frac{收益总额}{平均长期负债 + 平均所有者权益} \times 100\% \qquad (4.22)$$

式(4.22)可以理解为每100元长期资金可以赚取多少利润,能够体现出公司吸引未来资金提供者的能力。该比率是从长期债权人和公司所有者所提供的长期资金角度来考虑,以此衡量公司的盈利能力。

运用该指标时需要注意的是,由于式(4.22)的分母没有包含短期负债,其分子中就应将其相对应的短期利息扣除,从而使收益能更确切地反映长期资本的所得。分子收益总额采用息税前利润减短期利息的差额,或者采用税前利润与长期资本利息的总和。但是,对于外部报表使用者而言,由于资料获取的局限性,只能采用税前利润加长期资本利息,其中长期资本利息可通过报表附注直接或间接获取。长期资本收益率采用了税前利润加长期资本利息的收益概念,尽可能地剔除了资本结构对长期资本收益率的影响,使各个行业或公司间具有一定的可比性。

与总资产收益率的分析相似,长期资本收益率可使用因素分析法、趋势分析法和同业比较分析法进行更为深入的分析。

三、以权益资本为基础的盈利能力分析

以权益资本为基础的盈利能力分析,主要考虑企业所有者权益,即净资产的获利能力。此部分内容主要介绍净资产收益率及资本保值增值率两个主要比率指标。

(一)净资产收益率

1. 净资产收益率的定义

净资产收益率(Return on Common Equity,ROE),反映对股东权益的收益水平,用来衡量公司运用自有资本的效率,即一定会计期间内企业用股东投入的资本产生的利润。

$$净资产收益率 = \frac{净利润}{平均股东权益(净资产)} \times 100\% \quad (4.23)$$

$$平均股东权益 = (年初股东权益 + 年末股东权益) \div 2$$

该指标反映股东权益的收益水平,用以衡量公司运用自有资本的效率;指标值越高说明投资带来的收益越高。采用该指标时应当注意,分子由税后净利润减去支付给优先股股东的股利后得到,考虑了企业的资本结构影响。分母是期初数和期末数的平均值,考虑了普通股股东权益的变化情况。股东将该数据与预期收益率相比,可以作为股东投资决策的参考。企业管理层将该数据与企业贷款比率相比较,可以说明企业是否充分利用财务杠杆为股东创造更多价值。

2. 净资产收益率的影响因素分析

为探讨净资产收益率的影响因素,对上述计算净资产收益率的式(4.23)进行变形,具体过程如下。

$$\begin{aligned}净资产收益率 &= 净利润 \div 净资产(平均股东权益) \times 100\% \\ &= (息税前利润 - 负债 \times 负债利息率) \times (1 - 所得税税率) \div 净资产 \\ &= \frac{(总资产 \times 总资产报酬率 - 负债 \times 负债利息率) \times (1 - 所得税税率)}{净资产} \\ &= (总资产报酬率 + 总资产报酬率 \times \frac{负债}{净资产} - 负债利息率 \times\end{aligned}$$

$$=\left[\text{总资产报酬率}+(\text{总资产报酬率}-\text{负债利息率})\times\frac{\text{负债}}{\text{净资产}}\right]\times$$

$$(1-\text{所得税税率}) \tag{4.24}$$

从式(4.24)可见,其影响因素主要有总资产报酬率、负债利息率、企业资本结构及所得税率;每一个因素对净资产收益率的影响是各不相同的,以下将分别进行介绍。

(1)总资产报酬率。

净资产是企业全部资产扣除负债的部分,因此,净资产收益率必然受企业总资产报酬率的影响。在负债利息率和资本构成等条件不变的情况下,总资产报酬率越高,净资产收益率就越高。

(2)负债利息率。

负债利息率之所以影响净资产收益率,是因为在资本结构一定情况下,当负债利息率变动使总资产报酬率高于负债利息率时,将对净资产收益率产生有利影响;反之,在总资产报酬率低于负债利息率时,将对净资产收益率产生不利影响。可见,负债利息率对净资产收益率的影响取决于其与总资产报酬率的关系。

(3)资本结构或负债与所有者权益之比。

当总资产报酬率高于负债利息率时,提高负债与所有者权益之比,将使净资产收益率提高;反之,降低负债与所有者权益之比将使净资产收益率降低。

(4)所得税税率。

因为净资产收益率的分子是净利润即税后利润,因此,所得税率的变动必然引起净资产收益率的变动。通常,所得税率提高,净资产收益率下降;反之,则净资产收益率上升。

3. 净资产收益率影响因素的应用分析

明确了净资产收益率与其影响因素之间的关系,运用连环替代法或定基替代法,可分析各因素变动对净资产收益率的影响。

例4.3 根据W集团财务报表的有关资料,试对W集团连续五年的净资产收益率进行趋势分析,有关数据见表4.5。

表4.5 W集团净资产收益率趋势分析表

单位:百万元

项目	2017年	2016年	2015年	2014年	2013年
净利润	37 208	28 350	25 949	19 288	18 298
平均股东权益	174 176	148 994	126 102	110 667	93 789
净资产收益率/%	21.36	19.03	20.58	17.43	19.51
归属于母公司股东净利润	28 052	21 023	18 119	15 745	15 119
归属于母公司股东权益	132 675	113 445	100 184	88 165	76 896

续表4.5

项目	2017年	2016年	2015年	2014年	2013年
净资产收益率/%	21.14	18.53	18.09	17.86	19.66
归属于母公司平均股东权益	123 060	106 815	94 175	82 531	70 361
加权平均净资产收益率/%	22.80	19.68	19.24	19.08	21.49

注：①按照公式：净资产收益率＝净利润/平均股东权益×100% 计算
②按照公式：净资产收益率＝归属于母公司股东净利润/归属于母公司股东权益×100% 计算
③按照公式：加权平均净资产收益率＝归属于母公司股东净利润/归属于母公司平均股东权益×100% 计算，以下内容是根据该公式计算出的数据进行的分析。

根据表4.5可知，W集团2017年的资产收益率较上一年相比上升了2.33%，表明2017年的盈利能力较2016年有所上升。W集团近三年净资产收益率总体呈上升趋势，说明公司投资报酬逐渐上升，公司经营者在经营期间利用单位净资产为公司新创造利润的能力有所上升，但上升幅度较小，盈利能力提高较为缓慢。

例4.4　根据W集团财务报表的有关资料，计算该公司2015～2017年的净资产收益率及其对比的变动情况，有关数据见表4.6。

表4.6　W集团净资产收益率因素分析表

项目	2017年	2016年	规模变动情况		2015年
			增减额	增减率/%	
总资产收益率/%	5.33%	5.67%	−0.34	−6.10	6.12
负债利息率/%	0.21	0.24	−0.03	−12.50	0.10
负债/平均股东权益	5.24	4.14	1.10	26.57	3.48
所得税税率/%	25	25	0.00	0.00	25
净资产收益率/%	22.80	19.68	3.12	15.85	19.14

根据表4.6的资料，运用因素分析法可分析确定总资产收益率、负债利息率、资本结构及所得税税率变动对净资产收益率的影响。

分析对象：净资产收益率的变动＝22.80%−19.68%＝3.12%
连环替代分析如下：
2016年净资产收益率＝[5.67%＋(5.67%−0.24%)×4.14]×(1−25%)≈21.11%
第一次替代：[5.33%＋(5.33%−0.24%)×4.14]×(1−25%)≈19.80
第二次替代：[5.33%＋(5.33%−0.21%)×4.14]×(1−25%)≈19.90
第三次替代：[5.33%＋(5.33%−0.21%)×5.24]×(1−25%)≈24.12
2017年净资产收益率＝[5.33%＋(5.33%−0.21%)×5.24]×(1−25%)≈24.12
因此，总资产净利率变动的影响程度为：

$$19.80\% - 21.11\% = -1.31\%$$

负债利息率变动的影响程度为：

$$19.90\% - 19.80\% = 0.10\%$$

资本结构变动的影响程度为：

$$24.12\% - 19.90\% = 4.22\%$$

由此可见，W 集团 2017 年净资产收益上升主要是因为公司负债筹资成本降低及负债与平均股东权益之比提高。同时，因为总资产收益率有所下降，对净资产收益率产生了一定影响。

（二）资本保值增值率

资本保值增值率是企业扣除客观因素（如企业注册资本增资减资等）后的年末所有者权益总额与年初所有者权益总额的比率，反映了企业当年权益资金在盈利供给下的实际增减变动情况，是评价企业财务效益情况的辅助指标。资本保值增值率的计算公式见式(4.25)。

$$资本保值增值率 = \frac{扣除客观因素后的年末所有者权益总额}{年初所有者权益总额} \times 100\% \qquad (4.25)$$

资本保值增值率是根据"资本保全"原则设计的指标，充分体现了对所有者权益的保护，能够及时、有效地反映侵蚀所有者权益的现象，反映了投资者投入企业资本的保全性和增长性。一般认为，资本保值增值率越高，表明企业的资本保全状况越好，所有者权益增长越快，债权人的债务也越有保障，企业发展后劲越强。该指标通常应大于 100%，若小于 100%，则表明企业资本受到侵蚀，没有实现资本保全，所有者权益受到损害，也妨碍了企业进一步发展壮大，应予以充分重视。

四、上市公司盈利能力分析的各比率指标

上市公司自身的特点决定了除上述分析方法外，还有一些适合于自己的特有的分析方法及分析指标。这些分析指标往往与公司股票价格或市场价格相关联，包括每股收益、市盈率、市净率、股利发放率、托宾 Q 指标等分析方法。

（一）每股收益

1. 每股收益的定义及公式

每股收益也称每股盈余，是公司本年净利润与年末普通股股数的比值，它表示公司流通于股市的每股股份所能分摊到的净收益额，反映普通股的获利水平，是衡量上市公司投资报酬的核心指标。每股收益便于公司间横向比较分析，普通股股东根据它来进行经营实绩和盈利预测的比较，了解该公司盈利能力变化趋势，掌握企业管理能力，从而进行投资决策。每股收益的基本计算公式见式(4.26)。

$$每股收益 = \frac{本年净利润}{年末普通股股数} \qquad (4.26)$$

在公司没有优先股的情况下，该指标反映普通股的获利水平，指标值越高，每一普通股股份所得的利润越多，股东的投资收益越好，反之则越差。一般来说，每股收益指标值越高，在企业利润质量较好的情况下，表明股东的投资效益越好，股东获取较高股利的可能性越大。

使用每股收益分析公司盈利能力时需要注意如下问题：第一，每股收益不反映股票所

含有的风险;第二,股票是一个"份额"概念,不同股票的每一股在经济上不等量,它们所含有的净资产和市价不同所换取每股收益的投入量不相同,限制了每股收益的公司间比较;第三,每股收益多,不一定意味着多分红,还要看公司股利分配政策。

每股收益又分为基本每股收益与稀释每股收益。

2. 基本每股收益

基本每股收益是指归属于普通股股东的当期净利润扣除应发放的优先股股利后的余额与发行在外的普通股加权平均数之比。基本每股收益计算公式见式(4.27)。

$$基本每股收益 = \frac{当期净利润 - 优先股股利}{发行在外的普通股加权平均数(流通股数)} \times 100\% \quad (4.27)$$

如果以合并报表为基础计算每股收益,式(4.27)中分子应该是归属于母公司普通股股东的合并净利润,其分母是母公司发行在外的普通股加权平均数。

计算每股收益的分子采用的是归属于普通股股东的当期净利润扣除优先股股利,由于国际会计准则认为归属于母公司普通股股东的收益应是扣除了优先股股利的收益金额,但是我国目前尚不存在优先股,因此,在计算每股收益指标时不考虑优先股股利。

计算每股收益的分母是发行在外的普通股加权平均数,计算公式为

$$发行在外的普通股加权平均数 = 期初发行在外普通股股数 + 当期新发行普通股股数$$
$$\times \frac{已发行时间}{报告期时间} - 当期回购普通股股数 \times \frac{已回购时间}{报告期时间}$$
$$(4.28)$$

式中,已发行时间、报告期时间和已回购时间一般按照天数计算;在不影响计算结果合理性的前提下,也可以采用简化的计算方法,即按月份计算。在按月份计算的时候,发行时间是指普通股发行的次月至报告期期末的月数,而回购时间是指普通股回购的次月至报告期期末的月数。

2. 稀释每股收益

稀释每股收益是以基本每股收益为基础,假设企业所有发行在外的稀释性潜在普通股均已转换为普通股,从而分别调整归属于普通股股东的当期净利润以及发行在外普通股的加权平均数计算而得的每股收益。

所谓稀释性潜在普通股是指赋予其持有者在报告期或以后期间取得普通股股利权的一种金融工具或其他合同,包括可转换公司债券、认股权证、股票期权等。稀释性潜在普通股转换为普通股将会减少每股收益,因此称为具有稀释性的潜在普通股。计算公式为

$$稀释每股收益 = \frac{调整后归属于普通股股东的当期净利润}{(计算基本每股收益时普通股加权平均数}$$
$$+ 假定稀释性潜在普通股转换为已发行普通股而增加的普通股股数的加权$$
$$平均数) \times 100\%$$
$$(4.29)$$

计算稀释每股收益时,要注意以下几个方面,详叙如下。

(1)对分子进行调整。

因为当潜在普通股转换成普通股以后,新的普通股将有权参与分配归属于母公司普通股股东的权益。准则规定计算稀释每股收益,应当根据下列事项对归属于普通股股东

的当期净利润进行调整:第一,当期已确认为费用的稀释性潜在普通股的利息;第二,稀释性潜在普通股转换时将产生的收益或费用。其中,当期已确认为费用的稀释性潜在普通股的利息和减少利息的税后金额会增加归属于普通股股东的利润;稀释性潜在普通股转换时产生的收益会增加归属于普通股股东的利润;稀释性潜在普通股转换时产生的费用会减少归属于普通股股东的利润。这里需要注意的是在调整归属于普通股股东的当期净利润时应当考虑相关的所得税影响。例如,某公司2008年净利润为3 000万元,发行可转换债券当年利息费用(包括折价发行的摊销额)80万元,所得税税率为25%,则调整后净利润为3 000+80-80×25%=3 060万元。

(2)对分母进行调整。

计算稀释每股收益时,当期发行在外的普通股的加权平均数应当为计算基本每股收益时普通股的加权平均数与假定稀释性潜在普通股转换为已发行普通股而增加的普通股股数的加权平均数之和。计算稀释性潜在普通股转换为已发行普通股而增加的普通股股数的加权平均数时,以前期间发行的稀释性潜在普通股应当假设在当期期初转换;当期发行的稀释性潜在普通股,应当假设在发行日转换。

例4.5 W集团的每股收益计算表见表4.7,根据公司提供的以下信息进行每股收益分析。

表4.7 W集团每股收益计算表

项目	2017年	2016年	规模变动情况		2015年
			增减额	增减率/%	
净利润/百万元	37 208	28 350	8 858	31.25%	25 949
普通股股数/百万股	11 030	11 024	6	0.05%	11 036
基本每股收益/元	3.37	2.57	0.8	31.13%	2.35
归属于母公司股东净利润/百万元	28 052	21 023	7 029	33.43%	18 119
归属于母公司股东的基本每股收益/元	2.54	1.91	0.63	32.98%	1.64

根据表4.7可知,W集团2015~2017年的净利润及每股收益呈逐年上升趋势,说明该公司盈利能力逐年上升。与2016年相比,2017年的基本每股收益上升了31.13%,进一步说明该公司2017年的盈利能力有所上升。

(二)市盈率

市盈率(Price Earnings Ratio)是指普通股每股市价与当期每股收益之间的比率,即每股市价相当于每股收益的倍数。市盈率的计算公式为

$$市盈率=\frac{普通股每股市价}{当期每股收益} \quad (4.30)$$

通常发展前景较好的公司都有较高的市盈率,发展前景不佳的公司,这个比率比较低。但是必须注意,当全部资产利润率很低或公司发生亏损时,每股收益可能为零或负数,因此市盈率会很高;在这一特殊情况下,仅仅利用这一指标来分析公司的盈利能力,常常会错误地估计公司的发展前景,所以还必须结合其他指标综合考虑。

市盈率反映投资人对每一元净利润所愿意支付的价格,可以用来估计股票的投资报酬和风险。它是市场对公司的共同期望指标,市盈率越高,表明市场对公司的未来越看好。在市价确定的情况下,每股收益越高,市盈率越低投资风险越小;反之,投资风险越大。在每股收益确定的情况下,市价越高,市盈率越高,风险越大;反之,风险越小。仅从市盈率高低的横向比较看,高市盈率说明公司能够获得社会信赖,具有良好的前景。但是该比率不能用于不同行业的企业间比较,因为市盈率与企业的增长率相关,不同行业的增长率差异较大。

分析市盈率时,应该注意以下几点,以免结论偏离实际。

第一,市盈率指标反映投资者对每一元净利润所愿意支付的价格。该比率越高,在一定程度上反映了投资者对企业增长潜力的认同。充满扩展机会的新兴行业市盈率普遍比较高,而成熟工业的市盈率普遍比较低,对企业投资价值的评估应对不同行业的企业加以区分。

第二,市盈率受净利润影响,净利润受会计政策影响,因此不同会计政策的企业之间不一定具有可比性。

第三,在市场过热和投机现象频发的情况下,股票价格会被扭曲,因此投资者应结合公司背景、基本状况进行分析。

第四,企业界通常是在市盈率较低时,以收购股票的方式实现对其他公司的兼并,然后进行改造,等到市盈率升高时,再以出售股票的方式卖出公司,从中获利。

第五,在成熟市场,合理市盈率水平应该是市场平均市盈率水平的倒数,银行一年期利率近似地看作市场平均市盈率水平,这已成为全球投资者的约定俗成。

(三) 市净率

市净率是普通股股票每股市价与每股净资产的比率,计算公式见式(4.31)、式(4.32)。

$$市净率 = \frac{普通股票每股市价}{每股净资产} \quad (4.31)$$

$$每股净资产 = \frac{期末股东权益 - 优先股权益}{期末发行在外的普通股股数} \quad (4.32)$$

市净率反映了股价相当于每股净资产的倍数,而每股净资产在理论上提供了股票的最低价值。如果公司的股票价格低于净资产的成本,成本又接近变现价值,说明公司已无存在价值,清算是股东最好的选择。把每股净资产和每股市价联系起来,可以说明市场对公司资产质量的评价。

市净率把每股净资产和每股市价联系起来,可以说明市场对公司资产质量的评价。每股净资产是股票的账面价值,它是用成本计量的。每股市价是这些资产的现在价值,它是证券市场上交易的结果。如果投资者认为企业资产的质量好,有发展潜力,其市价可能要远高于账面价值,市净率会较高;反之则资产质量差,没有发展前景,其市价可能低于账面价值,市净率会较低。市净率常常用于企业的收购兼并,其数值反映兼并方以每股净资产的若干倍进行收购,或被兼并方以每股净资产的若干倍在流通转让。市净率越大,收购价格越高。

(四)股利发放率

股利发放率亦称股利支付率,是普通股每股股利与每股收益的比值,反映普通股股东从每股的全部获利中分到多少。股利发放率高低要依据各公司对资金需要量的具体状况而定,没有固定的标准。股利发放率的计算公式见式(4.33)。

$$股利发放率 = \frac{普通股每股股利}{每股收益} \times 100\%$$

$$= \frac{每股市价}{每股收益} \times \frac{每股股利}{每股市价} \times 100\%$$

$$= 市盈率 \times 股利报偿率 \qquad (4.33)$$

股利发放率反映普通股股东从全部获利中实际可获取的股利份额。单纯从股东眼前的利益讲,此比率越高,股东所获取的回报越高,可以通过该数据分析企业的股利政策,因为股票价格受股利影响,企业为稳定股票价格可能采取不同的股利政策。

从上述公式(4.33)可知,股利发放率主要取决于市盈率和股利报偿率。一般来说,长期投资者比较注重市盈率,而短期投资者则比较注重股利报偿率。股利报偿率,亦称股利与市价比率,是公司发放的每股股利与股票市场价格之比。在价格与收益比率一定的情况下,股利报偿率越高,则股利发放率也越高;反之,股利发放率越低。

(五)托宾 Q 指标

托宾 Q(Tobin Q)指标是指公司的市场价值与其重置成本之比。通常,人们用总资产账面价值替代重置成本,用普通股的市场价格和长短期债务账面价值之和表示市场价值,则托宾 Q 指标的计算公式可表示为公式(4.34)。

$$托宾\ Q\ 值 = \frac{普通股的市场价格 + 长短期债务账面价值合计}{总资产账面价值} \qquad (4.34)$$

采用托宾 Q 值进行分析,应该注意如下事项。

第一,当 $Q<1$ 时,即企业市价小于企业重置成本,经营者将倾向也通过收购来建立企业实现企业扩张。厂商不会购买新的投资品,因此投资支出便降低。

第二,当 $Q>1$ 时,弃旧置新。企业市价高于企业的重置成本,企业发行较少的股票而买到较多的投资品,投资支出便会增加。

第三,当 $Q=1$ 时,企业投资和资本成本达到动态(边际)均衡。

在运用托宾 Q 值判断公司盈利能力和市场价值时,由于股票价格受影响因素的多样性,有可能导致托宾 Q 值不能真实反映公司的价值,因而在用托宾 Q 值判断公司盈利能力和市场价值时,要根据资本市场的现实状况做出一定的判断或调整。

第三节 盈利质量分析

盈利能力分析属于一般意义上的财务报表分析,若想获得企业更为精准的财务及运营情况,就需进一步做盈利质量分析,据此所得出的结论更具有客观性。

一、盈利质量定义

盈利质量实质上是广义的盈利能力分析的一部分,是指盈利的稳定性与现金保证程度。影响盈利稳定程度的主要因素是盈利结构;而影响盈利现金保证程度的主要因素是经营现金流量与利润的同步性。

盈利质量分析主要是根据经营活动现金流入量与销售收入、净利润等之间的关系,揭示企业保持现有经营水平,以及将来创造盈利能力的一种分析方法,是对前述一般性的盈利能力分析方法的深化。

企业的盈利结构是指构成企业各种不同性质的盈利的有机组合及比例关系。从质的方面来理解,盈利结构表现为企业的利润是由什么样的盈利项目组成的,不同的盈利项目对企业的盈利能力起着不同的作用和影响;从量的方面来看,盈利结构表现为不同的盈利占总利润多的比重,不同的盈利比重对企业的盈利能力的作用和影响程度也不相同。所以,在盈利结构分析中,不仅要认识不同的盈利项目对企业盈利能力影响的性质,而且要掌握它们各自的影响程度。

二、盈利结构分析

如前所述,盈利结构分析的目的在于考察企业盈利的稳定程度。

(一) 企业利润的构成项目及特征

如果将不同性质的收入和支出按业务加以配比,可计算出不同的利润。企业利润主要由主营业务利润、其他业务利润、投资收益和营业外收支差额构成。

主营业务利润是企业利润的主要来源,主营业务利润分析是分析盈利能力的关键。企业的盈利能力不仅包含企业现在及未来能达到的盈利水平,而且包含企业盈利的稳定性和持续性。主营业务指企业营业执照上规定的企业主要经营的业务。企业投入大量的资金都是为企业的主营业务做准备,主营业务是否经营得好是企业能否生存和发展的关键。主营业务经营得好的一个表现就是企业主营业务利润在企业总利润占较大的比重,且一直保持着这种比重。由于企业主营业务的波动性会比其他业务小,主营业务利润的稳定性较其他业务利润等的稳定性也强。如果企业利润中主营业务利润占的比重大,那么企业的盈利结构的安全性较大,即企业利润的波动性会较小。

其他业务利润是企业经营非主营业务的净收益(或亏损);投资收益是企业对外投资的净收益(或亏损);营业外收支差额是与企业经营无直接关系的营业外收入与营业外支出的差额。上述各种非主营业务利润与主营业务利润都是企业利润的源泉,但由于非主营业务的波动性较大,非主营业务利润与主营业务利润相比稳定性较弱。

(二) 企业盈利收支结构分析

企业的收支结构有两个层次的含义:第一是企业的总利润是怎样通过收支形成的,第二是企业的收入和支出是怎样通过不同的收入和支出项目构成的。

利润表分析的起点即第一层次分析就是了解企业在一定时期内的总收入是多少,总支出是多少,总收入减去总支出后的总利润是多少。通过分析可以判明企业盈利的收支成因,能够揭示出企业的支出占收入的比重,从整体上说明企业的收支水平。

收支结构的第二层次分析实质是揭示各个具体的收入项目或支出项目占总收入或总支出的比重。企业的收入按取得收入的业务不同分为主营业务收入、其他业务收入、投资收益、营业外收入和补贴收入。由于不同的业务在企业经营中的作用不同,对企业生存和发展的影响程度也不一样,所以不同的业务取得的收入对企业盈利能力的影响不仅有量的差别,更重要的是有质的不同,在盈利能力分析中应该注意这一点。

企业的支出也可以按支出的性质分为主营业务成本、税金及附加、其他业务支出、各种期间费用(包括销售费用、管理费用及财务费用)、存货跌价损失、营业外支出和所得税。通过对支出的分类能揭示不同的支出与收入之间的联系,从而判明支出结构的合理性以及支出的有效性。同时,不同的业务在企业经营中有不同的作用,不同性质的支出对企业盈利能力的影响也有差别。分析支出结构,把握这种差别,更能进一步判断支出的有效性。

(三)企业盈利结构对盈利内在品质的影响分析

盈利结构分析的一方面内容就是分析企业总利润中各种利润所占的比重。分析盈利结构是为了对企业的盈利水平、盈利的稳定性和盈利的持续性等做出评价。一般来说,企业的利润总额可以揭示企业当期盈利的总规模,但是它不能表明这一总盈利是怎样形成的,或者说它不能揭示企业盈利的内在品质。企业盈利的内在品质就是指盈利的水平高低、稳定性、持续性及趋高性。只有通过盈利结构分析,才能得出这方面的信息。

1. 盈利结构对盈利水平的影响

盈利水平可用利润总额来反映,有时也可用利润率来反映,它与盈利结构存在着内在联系。企业不同的业务有不同的盈利水平,一般情况下主营业务是形成企业利润的主要因素,它对企业盈利水平的高低起决定性的作用。企业一定时期主营业务越扩展,主营业务利润占总利润比重越高,企业盈利水平也会越高。

企业收入水平高而相应成本费用水平较低的业务,在总收入中所占的比重越大,企业的盈利水平也会越高。

通过对盈利结构的分析,不仅要认识其对盈利水平的现实影响,更要预计其对未来盈利水平变动趋势的影响。

2. 盈利结构对盈利稳定性的影响

盈利稳定性指企业盈利水平变动的基本态势。盈利水平可以说是企业的收益率,盈利稳定性则表明企业盈利的风险。如果企业盈利水平很高,但缺乏稳定性,这也是一种不好的经营状况。对盈利的稳定性可以有两种理解:一种理解是企业盈利水平的上下波动的波幅较小,企业盈利稳定;另一种理解是企业盈利水平向下波动的波幅小,向上波动的波幅很大,也说明企业的盈利稳定。在现实中一般是按第二种理解来解释盈利的稳定性。一个企业在一定盈利水平的基础上,盈利水平不断上扬,应是企业盈利稳定性的现实表现。

盈利的稳定性首先取决于收支结构的稳定性。当收入和支出同方向变动时,只有收入增长不低于支出增长,或者收入下降不超过支出下降,盈利才具备稳定性;当收入和支出反方向变动时,收入增长而支出下降,盈利稳定,反之,不稳定。除此之外,收入和支出各项目所占比重不同,会对盈利稳定性产生影响。一般来说,如果主营业务的收支较为稳定,包括两者的关系和增长的势头较为稳定,则企业的盈利的稳定性就有了根本保障。

盈利结构也会影响盈利的稳定性。由于企业一般会力求保持主营业务利润稳定,企业主营业务利润的变动性相对非主营业务来说较小。企业主营业务利润所占的比重,可以反映出企业盈利的稳定性的强弱。

3. 盈利结构对盈利持续性的影响

盈利的持续性是指从长期来看,盈利水平能保持目前的变动趋势。盈利的稳定性与持续性的区别是,盈利的持续性是指目前的盈利水平能较长时间地保持下去,而盈利的稳定性是指盈利在持续时不发生较大的向下波动。可见,盈利的持续性是指总发展趋势,而盈利的稳定性是总发展趋势中的波动性。

企业盈利结构对盈利的持续性有很大的影响。企业的业务一般可分为长久性部分和临时性部分。长久性的业务是企业设立、存在和发展的基础,企业正是靠它们才能保持盈利水平持久。临时性的业务是由市场或企业经营的突然变动或突发事件所引起的,由此产生的利润也不会持久。长久性的业务主要包括企业的主营业务,所以企业主营业务利润比重越大,企业盈利水平持续下去的可能性越强。

4. 盈利结构对盈利趋高性的影响

盈利的趋高性指企业的盈利水平保持不断增长的趋势。盈利的持续性和趋高性都是指企业盈利的长期趋势,不同的是盈利的持续性指目前的盈利水平能否长久地保持,而盈利的趋高性指在保持现有盈利水平的同时体现出一种上升的趋势。可以说,盈利的趋高性是盈利的持续性的一种特殊表现。

盈利是否具趋高性与企业产品所处的产品市场生命周期有关。一个产品一般都要经历启动期、成长期、成熟期和衰退期这四个阶段。处于启动期和成长期的产品,尤其是处于成长期的产品,会带来不断增加的收益;处于成熟期的产品,给企业带来的收益较稳定;而处于衰退期的产品,给企业带来的收益有下降的趋势。

盈利结构对盈利的趋高性有不可忽视的影响。企业的利润如果主要来自于启动期或成长期的产品,盈利一般具有趋高性;如果主要来自处于成熟期甚至衰退期的产品,企业盈利非但不具趋高性,甚至难以持续下去。

保持盈利趋高性的关键在于企业经营上要密切关注企业产品所处的生命周期,在产品进入衰退期之前就要努力开发新产品,做好经营上的调整准备。

例 4.6 根据 W 集团财务报表的有关资料,对该公司盈利的项目结构进行分析,见表 4.8。

表 4.8 W 集团盈利项目结构分析计算表

单位:百万元

项目	2017 年	2016 年	规模变动情况		2015 年
			增减额	增减率	
营业利润	50 813	39 022	11 791	30.22%	33 123
公允价值变动收益	0	0	0	0	0

续表4.8

项目	2017年	2016年	规模变动情况		2015年
			增减额	增减率	
投资收益	6 245	5 014	1 231	24.55%	3 562
资产减值损失	1 319	1 193	126	10.56%	496
营业外收入	723	397	326	82.12%	855
营业外支出	394	165	229	138.79%	176
净利润	37 208	28 350	8 858	31.25%	25 949
营业利润比重	123.33%	124.17%	−0.84%	−0.68%	115.83%
投资收益比重	16.78%	17.69%	−0.91%	−5.14%	13.73%
营业外收支净额比重	0.88%	0.82%	0.06%	7.32%	2.62%

根据表4.8可知，W集团2017年营业利润、投资收益、营业外收支净额在净利润中的比重分别为123.33%、16.78%、0.88%，主营业务获取的利润所占比重最大，表明公司的盈利能力主要来自主营收益，具有相对稳定性和未来预测价值。其中，营业利润比重较上一年略微有所下降，表明公司2017年盈利质量稳中有降；同时，投资收益比重也有所下降，说明公司盈利在一定程度上减少了对外投资的依赖。从盈利项目整体来看，W集团2017年盈利质量较为稳定。

三、盈利现金保证程度分析

盈利的现金保证程度分析，是为了分析盈利质量而进行的另一种分析思维，是将一定期间的利润与同一期间的现金流进行对比，以判断利润的构成实质，即区分利润是由赊销收入支撑还是由现销收入构成。

盈利的现金保证程度分析，本质上是将两种记账基础下的企业收益进行比对：利润数字由利润表提供，利润表是基于权责发生制编制的；现金流数据取自于现金流量表，编制现金流量表的依据是收付实现制。通过两个收益数据的比对，即可看出企业的盈利是高质量的还是低质量的，从而进一步判断该企业的财务风险、盈利的持续性及稳定性。

四、财务报表附注对盈利能力分析的影响

总资产净利率、净资产收益率、销售利润率等是反映企业盈利能力的主要财务指标，其分子分别是息税前利润、税前利润、净利润，因此利润指标是影响盈利能力的重要因素。一般情况下，分析企业盈利能力只涉及正常的经营状况。而企业发生的一些非正常项目，同样会给企业带来收益和损失，但这只是特殊情况下产生的特殊结果，并不能表示企业的正常盈利能力，因此在进行盈利能力分析时，应当排除以下项目：证券买卖等非常项目，已经或将要停止的营业项目，重大事故或法律更改等特别项目，会计准则和财务制度变更带来的累积影响等。这些非正常项目的信息资料无一例外地要从财务报表附注中去搜寻。另外，现金流量表的补充资料中的一些信息，对分析利润质量有重要帮助。

除此之外,影响企业利润的因素还有以下几个方面需要注意。

第一,存货流转假设。在物价持续上涨的情况下,采用先进先出法结转的销售成本较低,因而计算出的利润偏高,而采用加权平均法等方法计算出的销售成本相对较高,其利润则偏低。

第二,计提的各种跌价、减值准备,如企业计提的坏账准备、存货跌价准备、长期投资减值准备、固定资产减值准备、无形资产减值准备、在建工程等的计提方法和其计提比例的大小会对企业利润额产生较大的影响。

第三,长期投资核算方法。企业对外长期性投资可以采用成本法或权益法核算。在采用成本法的情况下,只有实际收到分得的利润或股利时才确认收益;而在权益法下,则是一般情况下每个会计年度都要根据本企业占被投资单位的投资比例和被投资单位所有者权益变动情况确认投资损益。

第四,固定资产折旧方法。固定资产折旧采用加速折旧法还是直线法,对企业利润的影响也不小。在采用加速折旧法的前几年,其利润要小于直线法下的利润额,加速折旧末期则其利润一般又要大于直线法。

第五,或有事项的存在。或有负债有可能导致经济利益流出企业,未做记录的或有负债将可能减少企业的预期利润;或有资产则有可能导致经济利益流入企业,未做记录的或有资产将可能增加企业的预期利润。

第六,关联方交易。分析者要注意企业关联方交易的变动情况,企业关联方交易的大幅度变动往往隐含着粉饰财务报告的可能。

这些影响利润的因素,凡是可能增加企业利润的,会增加企业的盈利能力,反之则会削弱企业的盈利能力。

本章小结

盈利能力,也称获利能力,是企业赚取利润的能力,即企业资金增值的能力。盈利能力分析指通过一定的分析方法,剖析、鉴别、判断企业能获取多大数量和多高质量利润的能力;具体而言就是分析企业盈利多少、盈利水平高低、获取利润的渠道及获取利润方式的合理性,以及盈利能力的稳定性和持久性。

一般形态意义上的企业盈利能力分析,可大致可从如下三个角度进行分析。第一,以企业利润表为基础的盈利能力评价指标,是指采用计算利润时所用到的销售收入及成本费用等指标,与该企业的利润进行比对,以衡量企业的盈利能力高低。这些比率指标包括销售利润率、成本费用利润率两类,这两类比率指标又可细化出若干衍生指标。第二,以企业资产负债表为基础的盈利能力分析即是以所拥有的资产视角考评企业所获得的利润,形成的比率指标统称为资产收益率;资产收益率是公司一定期限内投入资产所实现的收益,通常采用最主要的营运资产项目和类别作为资产收益率的代表;以资产为基础的盈利能力的具体衡量指标包括总资产收益率、流动资产收益率、固定资产收益率、投资收益率及长期资本收益率。第三,以权益资本为基础的盈利能力分析,主要考虑企业所有者权益即净资产的获利能力;此部分内容主要以净资产收益率及资本保值增值率两个主要比率指标进行衡量。

上市公司自身的特点决定了除可采用上述分析方法外,还有一些适合于自己的特有的分析方法及分析指标;这些分析指标往往与公司股票价格或市场价格相关联,具体而言包括每股收益、市盈率、市净率、股利发放率、托宾 Q 指标等分析方法。

盈利质量实质上是广义的盈利能力分析的一部分,是指盈利的稳定性与现金保证程度。影响盈利稳定程度的主要因素是盈利结构;而影响盈利现金保证程度的主要因素是经营现金流量与利润的同步性。盈利质量分析主要是根据经营活动现金流入量与销售收入、净利润等之间的关系,揭示企业保持现有经营水平,以及将来创造盈利能力的一种分析方法,是对前述一般性的盈利能力分析方法的深化。

第四章章后习题

一、单项选择题

(1)(　　)指标越高,说明企业资产的运用效率越好,也意味着企业的资产盈利能力越强。

  A. 总资产周转率　　　　　　B. 存货周转率
  C. 总资产报酬率　　　　　　D. 应收账款周转率

(2)商品经营盈利能力分析是利用(　　)资料进行分析。

  A. 资产负债表　　　　　　　B. 现金流量表
  C. 利润表　　　　　　　　　D. 利润分配表

(3)反映商品经营盈利能力的指标可分为两类,一类统称收入利润率,另一类统称(　　)。

  A. 成本利润率　　　　　　　B. 销售成本利润率
  C. 营业成本费用利润率　　　D. 全部成本费用利润率

(4)(　　)是普通股股利与每股收益的比值,反映普通股股东从每股全部获利中分到多少。

  A. 每股收益　　　　　　　　B. 普通股权益报酬率
  C. 市盈率　　　　　　　　　D. 股利发放率

(5)托宾 Q 指标反映的是公司的哪两项财务数据的比值(　　)。

  A. 市场价值和重置成本　　　B. 账面价值与重置成本
  C. 账面价值与市场价值　　　D. 股票价值与债券价值

(6)市盈率又称(　　)。

  A. 价格与收益比率　　　　　B. 每股股利
  C. 每股账面价值　　　　　　D. 盈余现金保障倍数

(7)假定其他条件不变,不列各项经济业务中,会导致公司总资产净利率上升的是(　　)。

  A. 收回应收账款　　　　　　B. 用资本公积转增股本
  C. 用银行存款购入生产设备　D. 用银行存款归还银行借款

(8) 不影响净资产收益率的指标包括( )。
A. 总资产周转率　　　　　　B. 资产净利率
C. 资产负债率　　　　　　　D. 流动比率

(9) 为尽可能剔除资本结构对长期资本收益率的影响,计算长期资本收益率时,分子应使用( )。
A. 税前利润加全部利息　　　B. 税前利润及长期资本利息
C. 税前利润　　　　　　　　D. 税后利润

(10) 公司销售毛利与去年基本一致,而销售净利率却有较大幅度下降,最有可能的原因是( )。
A. 期间费用上升　　　　　　B. 主营业务收入上升
C. 主营业务成本上升　　　　D. 其他业务利润下降

二、多项选择题(备选项中至少有两个选项是正确的)

(1) 反映企业盈利能力的指标有( )。
A. 营业利润　　B. 利息保障倍数　　C. 净资产收益率
D. 成本利润率　E. 净利润

(2) 影响总资产报酬率的因素有( )。
A. 资本结构　　　B. 销售利润率　　　C. 产品成本
D. 息税前利润率　E. 总资产周转率

(3) 反映上市公司盈利能力的指标有( )。
A. 每股收益　　　B. 普通股权益报酬率　　C. 股利发放率
D. 总资产报酬率　E. 价格与收益比率

(4) ( )是企业发放每股股利与股票市场价格之比。
A. 股利发放率　　B. 股利报偿率　　　C. 价格与收益比率
D. 股利与市价比率　E. 市盈率

(5) 反映成本费用利润率的指标主要有( )等。
A. 营业成本利润率
B. 营业费用利润率
C. 全部成本费用总利润率
D. 全部成本费用净利润率
E. 营业成本费用利润率

三、判断并说明理由题(在括号中以√或×表示判断结果,并在次行说明理由)

(1) 总资产报酬率越高,净资产收益率就越高。( )

(2) 当总资产报酬率高于负债利息率时,提高负债与所有者权益之比,将使净资产收益率提高。( )

(3)净资产收益率是反映盈利能力的核心指标。( )

(4)价格与收益比越高,说明企业盈利能力越好。( )

(5)所得税税率变动对营业收入利润率没有影响。( )

四、思考探究题
(1)什么是企业盈利能力?盈利能力对企业而言为什么至关重要?
(2)一般形态意义上的企业盈利能力分析,可从哪些不同的视角对其进行分析?请简述之。
(3)以企业利润表为基础的盈利能力评价指标有哪些?请逐一对这些指标进行说明。
(4)资产收益率是以资产负债表为基础的盈利能力分析,具体包括哪些指标?
(5)什么是净资产收益率指标?为什么可以用其来衡量盈利能力?
(6)请阐述盈利质量的内涵,并说明盈利质量的衡量方法。

五、案例分析题

Y公司盈利能力分析

作为医药行业中市值及净利润排名、收入排名均位于前列的药企,Y公司关注个人健康需求,以市场为导向,致力于打造医药全产业链,业务涵盖中药资源、中西药原料、个人护理产品、原生药材、商业流通等。Y公司所聚焦的大健康产业是近年中国医药市场增长最为迅猛的细分领域之一,市场发展空间广阔。

在医药行业整体发展的大环境下,很多医药公司在市场上取得了竞争优势,药品丰富而且优质,资本实力惊人。但是在市场发展这条漫漫长河中,各公司的发展结果如何却有待进一步的分析和认知。Y公司在收入规模取得迅速发展的同时,其盈利水平却一直远低于同行业公司。

Y公司2015~2018年财务报表的主要资料见表4.9~表4.11。

表4.9 Y公司合并资产负债表部分项目

单位:亿元

项目	2015年	2016年	2017年	2018年
货币资金	26.50	32.93	26.66	30.17
应收票据	36.06	39.43	42.93	31.74
应收账款	10.58	10.12	12.34	18.53
预付账款	3.333	4.661	4.180	6.021

续表4.9

项目	2015 年	2016 年	2017 年	2018 年
应收利息	0.011 11	0.314 7	0.635 8	—
应收股利				
其他应收款	0.680 4	0.580 8	2.025	3.235
存货	56.25	69.18	86.63	99.94
其他流动资产	5.210	43.44	8.769	10.55
流动资产合计	169.0	220.7	251.0	272.8
可供出售金融资产	1.242	1.246	1.246	1.247
长期股权投资	0.052 4	—	0.007 7	0.011 1
投资性房地产	0.070 0	0.067 4	0.002 8	0.002 2
固定资产净额	16.40	17.82	17.45	17.15
在建工程	2.156	1.374	1.448	6.105
无形资产	2.388	2.310	3.194	3.118
长期待摊费用	0.059 0	0.095 1	0.072 9	0.518 3
递延所得税资产	1.275	1.976	2.274	2.446
非流动资产合计	23.87	25.19	25.99	30.94
资产总计	192.9	245.9	277.0	303.8
短期借款	0.2	—	—	—
应付票据	7.517	11.84	9.860	13.93
应付账款	24.70	31.96	35.84	42.22
预收账款	4.247	10.70	10.88	8.591
应付职工薪酬	0.974 7	1.387	1.475	1.715
应交税金	3.318	3.257	2.741	4.209
应付利息	0.098 5	0.288 9	0.288 6	—
应付股利	—	0.008 4	0.008 4	0.008 4
其他应付款	5.332	7.806	14.45	13.20
一年内到期的非流动负债	—	1 000	—	17.99
流动负债合计	46.76	67.35	75.24	101.9
长期借款	0.061 0	0.061 0	0.025 0	0.025 0
应付债券	8.972	17.95	17.97	—
递延所得税负债	—	57.06	57.06	876.5
非流动负债合计	10.87	20.08	20.35	2.687

续表4.9

项目	2015年	2016年	2017年	2018年
负债合计	57.63	87.43	95.60	104.6
股本	10.41	10.41	10.41	10.41
资本公积	12.50	12.47	12.47	12.47
盈余公积	7.705	8.494	9.404	10.48
未分配利润	103.7	125.9	148.1	164.5
归属于母公司股东权益合计	134.3	157.3	180.4	197.8
少数股东权益	0.948 0	1.179	1.054	1.405
股东权益合计	135.3	158.4	181.4	199.2
负债和股东权益总计	192.9	245.9	277.0	303.8

表4.10　Y公司合并利润表部分项目

单位：亿元

项目	2015年	2016年	2017年	2018年
一、营业总收入	207.4	224.1	243.1	267.1
其中：营业收入	207.4	224.1	243.1	267.1
二、营业总成本	177.4	192.8	211.1	232.9
其中：营业成本	144.1	157.2	167.3	185.5
营业税金及附加	1.045	1.538	1.697	1.763
销售费用	27.10	28.40	36.84	39.22
管理费用	4.932	4.835	3.027	3.121
财务费用	0.131 1	0.896 8	0.725 4	1.633
资产减值损失	0.186 2	−0.008 2	0.648 3	0.580 7
投资收益（损失以"−"号填列）	1.750	1.939	2.769	2.821
三、营业利润（亏损以"−"号填列）	31.68	33.26	36.21	38.32
加：营业外收入	0.749 7	0.831 8	0.070 4	0.074 3
减：营业外支出	0.278 7	0.115 7	0.591 6	0.132 6
其中：非流动资产处置损失	89.69	214.2	—	—
四、利润总额（亏损总额以"−"号填列）	32.15	33.98	36.22	38.26
减：所得税费用	4.598	4.666	4.893	5.364
五、净利润（净亏损以"−"号填列）	27.56	29.31	31.33	32.90
归属于母公司所有者的净利润	27.71	29.20	31.45	33.07
少数股东损益	−0.152 6	0.110 1	−0.124 5	−0.168 2

续表4.10

项目	2015年	2016年	2017年	2018年
六、每股收益：				
（一）基本每股收益	2.66	2.80	3.02	3.18
（二）稀释每股收益	2.66	2.80	3.02	3.18

表4.11　Y公司合并现金流量表部分项目

单位：亿元

项目	2015年	2016年	2017年	2018年
一、经营活动产生的现金流量				
销售商品、提供劳务收到的现金	224.5	272.7	280.6	318.7
收到的税费返还	—	857.6	1 353	4 664
收到的其他与经营活动有关的现金	1.588	1.250	7.833	5.996
经营活动现金流入小计	226.1	274.1	288.6	325.2
购买商品、接受劳务支付的现金	156.7	190.6	213.1	235.2
支付给职工以及为职工支付的现金	10.85	11.88	12.78	13.38
支付的各项税费	14.78	18.64	18.78	17.76
支付其他与经营活动有关的现金	22.00	23.11	32.38	32.57
经营活动现金流出小计	204.3	244.2	277.0	298.9
经营活动现金流量净额	21.80	29.85	11.56	26.30
二、投资活动产生的现金流量				
收回投资所收到的现金	17.34	30.22	67.26	31.52
取得投资收益所收到的现金	1.636	1.858	2.875	0.5615
处置固定资产、无形资产和其他长期资产而收回的现金	0.001 3	0.065 2	0.623 5	0.001 6
投资活动现金流入小计	18.98	32.19	75.96	32.31
构建固定资产、无形资产和其他长期资产所支付的现金	1.358	1.406	1.932	5.396
投资所支付的现金	27.24	55.64	77.54	33.49
投资活动现金流出小计	28.60	72.06	79.47	40.90
投资活动产生的现金流量净额	−9.621	−39.87	−3.518	−8.588
三、筹资活动产生的现金流量				
吸收投资所收到的现金	—	1 190	—	4 974
取得借款收到的现金	0.200	8.965	—	—

续表4.11

项目	2015年	2016年	2017年	2018年
收到其他与筹资活动有关的现金	4.398	0.356 3	0.306 6	—
筹资活动现金流入小计	4.598	9.441	3 066	4 974
偿还债务所支付的现金	0.200 0	0.200 0	0.111 0	—
分配股利、利润或偿付利息支付的现金	5.879	6.917	9.308	16.69
支付其他与筹资活动有关的现金	4.550	0.070 4	0.005 0	0.003 9
筹资活动现金流出小计	10.63	7.187	9.424	16.70
筹资活动产生的现金流量净额	−6.031	2.253	−9.117	−16.20
四、汇率变动对现金及现金等价物的影响	0.044 0	0.051 3	−0.054 5	0.016 2
五、现金及现金等价物净增加额	6.187	−7.720	−1.133	1.528
加：期初现金及现金等价物余额	20.24	26.43	18.71	17.57
六、期末现金及现金等价物余额	26.43	18.71	17.57	19.10

思考与讨论题

(1)请计算Y公司2016~2018年的销售利润率、成本费用利润率、总资产收益率、净资产收益率、每股收益、市盈率、市净率、托宾Q值。

(2)请对Y公司2016~2018年的总资产利润率与净资产利润率进行趋势分析，说明其变动的主要原因。

(3)请计算Y公司2016~2018年的总资产周转率、权益乘数、销售净利率，分析这三个指标与各年的总资产收益率以及净资产收益率之间的关系，并说明关系存在的原理。

(4)请计算Y公司2016~2018年的现金流量比率、经营活动净现金比率、每股经营现金流量、净资产现金回收率、盈利现金比率和销售获现比率，并根据这些指标分析公司的盈利质量。

第五章 企业发展能力分析

本章学习目标
(1) 了解企业发展能力的含义、影响因素及重要意义。
(2) 理解企业发展能力与企业盈利能力等的相互关系。
(3) 掌握企业发展能力的各项指标,包括销售增长率、利润增长率、资产增长率以及股东权益增长率。

第一节 企业发展能力的含义及影响因素

在激烈的市场竞争条件下,企业的市场价值在很大程度上取决于企业未来的盈利能力、未来的销售收入以及股利的增长。无论是增强企业的盈利能力、偿债能力还是提高资产营运效率,都是为了提高企业的发展能力;也就是说,发展能力是企业盈利能力、营运能力及偿债能力的综合体现。

一、企业发展能力的含义

企业发展能力,也称企业成长性,是指企业通过自身的生产经营活动,不断扩大积累而形成的发展潜能。企业能否健康发展取决于多种因素,包括外部经营环境,企业内在素质及资源条件等。企业的发展能力分析是综合考察企业以往发展水平和其他内外部客观因素的基础上,对企业未来发展的一种预期。

通过对企业发展能力的分析,可以判断企业拥有资源的服务潜力及未来变化趋势,包括这些资源未来的盈利能力变现能力、需要追加投资数额、技术先进性及其企业未来一定时期需要制定的中长期融资计划;了解更新改造的情况,以便制定中长期投资计划,进行科学的战略投资决策;可以判断融资变化趋势,进一步分析企业持续成长能力及其影响因素,科学地确定企业未来资金结构的发展和再融资能力,以了解企业扩张发展模式,制定科学的经营策略和财务策略。发展能力指标的建立是用以反映企业不断挖掘未利用资源而持续实现其价值的潜在能力。

二、企业发展能力的主要影响因素

衡量企业发展能力的核心指标是企业价值增长率,而影响企业价值增长的因素同样也是影响企业发展能力的因素,现将其论述如下。

1. 企业的销售收入

不断增长的销售收入是企业发展的重要源泉,只有销售收入的不断稳定增长,才能为企业不断发展提供充足的财务资源。不断增长的销售收入是企业利润的重要保证,企业只有盈利了，才能为下一期间的生存与进一步的发展奠定基础。

2. 企业拥有的资产及净资产规模

企业的资产和净资产是企业发展的基础，是企业取得收入和盈利的保障。在企业资金营运能力和盈利能力保持稳定的情况下，资产和净资产的规模与其收入规模、盈利规模之间存在正比例变动的关系；如果扩大资产和净资产的投入，企业收入和盈利必将获得正比例增长，企业的发展能力会得到提升。

3. 企业的资金营运能力及盈利能力

在企业资产和净资产规模不变的情况下，提高企业的资金营运能力和盈利能力，企业销售收入和利润将获得增长。如果在扩大资产和净资产投入规模的前提下，提高企业的资金营运能力和盈利能力，则企业销售收入和利润的增长更快，增长了的销售收入和利润又为企业的进一步发展提供了更充足的财务资源，从而加速了企业的良性循环发展。

4. 科学合理的股利政策

科学合理的股利政策，可以从两方面促进企业价值的提升：一方面，科学的股利政策更注重为企业的进一步发展提供积累资金（留存收益），尤其是企业处于初创期及成长期时；另一方面，合理的股利政策，必将有助于更好地树立投资者对企业的信心，从而改善企业财务形象，避免企业陷入财务危机，提升企业价值。

除上述有关影响因素外，企业核心业务战略、经营能力、现代企业制度、人力资源等内部因素，以及政府扶持政策等企业外部因素都会影响企业的发展能力。因此企业的发展能力是一个较为复杂的、综合性的问题。

考核企业的发展能力，可以抑制企业的短期行为，有利于完善现代企业制度。企业的短期行为集中表现为追求眼前的利润，忽视企业资产的保值与增值。为了实现短期利润，有些企业不惜拼耗设备、少计费用和成本，最终对企业的长期发展造成了不利影响。当增加了对企业发展能力的考核后，不仅要考核企业目前实现的利润，还要考核企业资产的保值与增值情况，这就可以从一定程度上抑制企业的短期行为，真正增加企业的经济实力，完善现代企业制度。

因此，发展能力分析对于判断企业未来一定时期的发展后劲、行业地位、面临的发展机遇与盈利发展变化，对于制定中长期发展计划、进行科学的战略决策、选择合理的扩张发展速度都具有重要的意义和作用。

第二节 企业发展能力分析

本节所指的企业发展能力，是狭义的发展能力。对其分析时主要运用常见的各个增长率指标，包括销售增长率、利润增长率、资产增长率及股东权益增长率等指标。

一、销售增长率

（一）销售增长率的定义

销售增长率是指企业本年销售收入（营业收入）增长额同上年销售收入（营业收入）总额的比率。销售收入是企业规模和经营实力的具体体现，反映了销售的增减变动情况，是评价企业成长状况和发展能力的重要指标。该指标能够衡量企业市场占有能力,并可预测企业经营业务拓展趋势。销售增长率的计算公式为

$$销售增长率=\frac{本期营业收入增加额}{上期营业收入}\times100\% \tag{5.1}$$

销售增长率综合反映了企业的市场扩张速度。企业销售收入的增长是企业生存的基础和发展的条件,销售增长率指标越高,表明企业收入增长速度越快,市场前景越好。若该指标大于0,表明企业本年的收入有所增长;若该指标小于0,则说明产品和服务不适销对路、质次价高或售后服务等方面存在问题,市场份额萎缩。

(二)销售增长率分析

利用销售增长率分析公司在销售方面的发展能力时,应注意以下几方面的问题。

第一,注意销售增长率的增长原因。销售增长率的增长,一般两方面的原因所导致:其一,是资产增加投入所致;其二,是企业良好的发展能力所致。前一种情况下,属于企业单纯的投入型所导致的增长,这种增长体现不出企业良好的发展能力,具有被动性;后一种增长则属于企业的良性循环与发展,证明企业具有较高的发展潜力。因此在进行企业销售增长率分析时,要注意区分其增长的原因。

第二,为了更为准确地分析企业的发展水平及未来趋势,应该对企业不同时期的销售增长率进行对比分析,即进行趋势分析。这样可以避免由于偶然性或特殊性因素干扰某一会计期间,扭曲企业实际的销售增长能力。

第三,由于企业生产产品所处的生命周期各阶段与产品销售增长率之间的关联性较强,因此可根据产品生命周期理论,将产品的生命周期划分为四个阶段,以进一步分析每一阶段的销售增长率特征,所得结论会更具有针对性。具体如下所示。

(1)投放期,产品销售规模较小,成长缓慢,产品销售增长率较低;

(2)成长期,产品市场持续拓展,生产规模处于扩张状态,销售量得到较快增加,销售增长率较高;

(3)成熟期,市场发展空间狭小,销售趋于稳定,销售增长率趋于一个稳定的数值;

(4)衰退期,产品市场走向衰退,销售增长率较低甚至出现负数。

依据某种产品的销售增长率特征,可以推测公司生产经营的产品所处的生命周期阶段,从而预测公司的未来发展趋势。

例5.1 根据W集团财务报表的有关资料,分析该公司销售增长率,有关数据见表5.1。

表5.1 W集团销售增长率计算表

金额单位:百万元

项目	2017年	2016年	2015年	2014年	2013年	2012年
营业收入	242 897	240 477	195 549	146 388	135 419	103 116
本年营业收入增加额	2 420	44 928	49 161	10 969	32 303	
销售增长率/%	1.01	22.98	33.58	8.1	31.33	

从表5.1可知,公司销售规模不断扩大,营业收入从2012年的103 116百万元增加到

2017 年的 242 897 百万元,但从增长幅度来看,2015～2017 年的销售增长率呈持续下降趋势,2017 年的下降幅度最大,同比下降 21.97%。

二、利润增长率

(一)利润增长率的定义与计算

利润是一个较为笼统的概念,根据利润涵盖范围的不同,在计算利润时可将其分为营业利润增长率和净利润增长率。

1. 营业利润增长率

营业利润增长率又称销售利润增长率,是企业本期营业利润增加额与上期营业利润总额的比率,它反映企业营业利润的增减变动情况。由于一个公司的价值主要取决于其盈利增长能力,所以公司的营业利润增长是反映公司发展能力的重要方面。

营业利润增长率的计算公式为

$$营业利润增长率 = \frac{本期营业利润增加额}{上期营业利润总额} \times 100\% \qquad (5.2)$$

营业利润增长率为正数,说明公司本期营业利润较上期而言在增长,营业利润增长率越大,说明公司营业利润增长幅度越大;营业利润增长率为负数,则说明公司本期营业利润减少,营业利润在下降。

2. 净利润增长率

净利润是公司经营业绩的综合评价结果,净利润的增长是公司成长性的基本特征,反映了企业实现价值最大化的扩张速度。净利润增长率是本期净利润增加额与上期净利润之比,其计算公式为

$$净利润增长率 = \frac{本期净利润增加额}{上期净利润} \times 100\% \qquad (5.3)$$

该公式反映的是公司净利润的增长情况。净利润增长率为正数,说明公司本期净利润增加,净利润增长率数值越大,说明公司净利润收益增长得越多,公司经营业绩突出,市场竞争能力增强;净利润增长率为负数,则说明公司本期净利润减少,净利润收益在降低。

(二)利润增长率分析

要全面认识公司净利润,需要结合公司的利润增长率进行分析。如果公司的净利润主要来源于营业利润,则表明公司产品获利能力较强,具有良好的增长能力;相反,如果公司的净利润不是主要来源于正常业务,而是来自营业外收入或者其他项目,说明公司的持续增长能力并不强。

通过利润增长率分析,发现如果公司的营业利润增长率高于其营业收入增长率,则说明该企业处于成长期,业务不断在拓展,盈利能力在增强,发展前景较好;反之,则反映公司成本费用增长速度超过了营业收入增长速度,说明公司的盈利能力较弱,公司发展能力有待进一步考察。

为了更准确地反映公司营业利润和净利润的增长趋势,应将公司连续多期的净利润增长率和营业利润增长率指标进行趋势对比分析,这样可以排除个别时期偶然性或特殊性因素的干扰,更加客观准确地揭示企业净利润和营业利润的增长情况。

例5.2 根据W集团财务报表的有关资料,分析该公司的利润增长率状况,有关分析数据见表5.2。

表5.2 W集团利润增长率计算表

金额单位:百万元

项目	2017年	2016年	2015年	2014年	2013年	2012年
销售增长率/%	1.01	22.98	33.58	8.1	31.33	
营业利润	50 813	39 022	33 123	24 979	24 261	21 013
本年营业利润增加额	11 791	5 899	8 144	718	3 248	
营业利润增长率/%	30.22	17.81	32.6	2.96	15.46	
净利润	37 208	28 350	25 949	19 288	18 298	15 663
本年净利润增加额	8 858	2 401	6 661	990	2 635	
净利润增长率/%	31.25	9.25	34.53	5.41	16.82	

从表5.2可以看出,W集团近几年营业利润增长率和净利润增长率均呈现正值,说明公司的营业利润和净利润持续增加。营业利润从2012年的21 013百万元增长到2017年的50 813百万元,净利润从2012年的15 663百万元增长到2017年的37 208百万元。但公司营业利润增长率大多低于销售增长率,这反映了公司的营业成本、营业税费、期间费用等的上升超过了营业收入的增长,说明公司在控制成本和费用方面有待改善。同时,公司净利润的上升幅度基本与营业利润的上升幅度持平,说明这五年净利润的持续上升主要源于营业利润的上升,表明公司的持续增长能力较强。

综合以上分析可知,W集团无论在营业利润还是净利润方面均具有良好的增长能力,且表现为持续上升趋势,说明公司未来持续增长具有一定的稳定性。

三、资产增长率

(一)资产增长率的定义与计算

为了反映公司在资产方面的增长情况,可以利用资产增长率指标进行衡量。资产增长率是本期资产增加额与资产期初余额之比。资产增长率的计算公式为

$$资产增长率 = \frac{本期资产增加额}{资产期初余额} \times 100\% \tag{5.4}$$

资产增长率可衡量企业资产规模的增长情况,是评价企业经营规模总量扩张程度的重要指标。该指标是从企业资产规模方面衡量企业发展能力,表明企业规模增长对企业发展后劲的影响。从投资者角度来看,总资产增长率越高越好,因为资产规模扩大通常是企业良性发展的外在表现:指标值越高,表明企业一个经营周期内资产经营规模扩张的速度越快。但在实践中,应注意资产规模扩张中质与量的关系,以及企业的后续发展能力,避免资产的盲目扩张。

(二)资产增长率分析

在对资产增长率进行具体分析时,应该注意以下几点分析事项。

1. 公司资产增长率并非越高越好

本质上,任何一种增长率都不应追求单方面的绝对的增长,必须结合销售增长、利润增长等情况综合分析,看其是否是一种平衡性的或均衡性的增长。公司资产的增长还应与企业发展水平相适应,在其发展水平可承受的范围之内。

2. 全面分析企业资产增长的源泉

企业资产一般来源于负债及所有者权益,因此,企业资产规模变动受负债和所有者权益规模两个因素的影响。在其他条件不变的情况下,无论是增加负债规模还是增加所有者权益规模,都会提高总资产增长率。负债规模增加,说明企业对外举债;所有者权益规模增加可能存在多种原因,如企业吸收了新的投资,或者企业实现了盈利。如果一个企业资产的增长完全依赖于负债的增长,而所有者权益在年度里没有发生变动或者变动不大,则说明企业不具备良好的发展潜力。企业资产的增加应该主要取决于企业盈利的增加,而不是负债的增加。因为一个企业只有通过增加股东权益,才有能力继续对外举债,才能进一步扩大资产规模,进而顺利地实现资产增长,从而使企业偿还债务也具有保障。

3. 需进行企业资产增长率的趋势分析

为全方位掌握企业资产增长的趋势,应将其不同时期的资产增长率进行比较,这就需要进行趋势分析。健康企业的资产规模应当趋于稳定不增长,而非忽高忽低。应利用趋势分析法比较企业较长时期的总资产增长率,以便正确评价资产规模的增长能力。

上述第二条中,为正确分析企业资产增长的来源,应计算股东权益的增加占资产增加额的比重,并进行数期的比较。如果股东权益增加额所占比重较大,就说明资产的增加主要来源于股东权益的增加,反映企业资产的增长状况良好;反之,则相反。此外,还应利用股东权益增长率做进一步的分析:股东权益增长率越高,表明企业本年度股东权益增加得越多,反映企业资产增长状况良好;反之,则相反。

例 5.3 根据 W 集团财务报表的有关资料,分析该公司的资产增长能力,有关数据见表 5.3。

表 5.3　W 集团资产增长率计算表

金额单位:百万元

项目	2017 年	2016 年	2015 年	2014 年	2013 年	2012 年
资产总额	1 165 346	830 674	611 296	508 409	479 205	378 802
资产增加额	334 672	219 378	102 887	29 204	100 403	
资产增长率/%	40.29	35.89	20.24	6.09	26.51	
股东权益合计	186 674	161 677	136 310	115 894	105 439	82 138
股东权益增加额	24 997	25 367	20 416	10 455	23 301	
股东权益增加额占资产增加额比重/%	7.47	11.56	19.84	35.8	23.21	

从表 5.3 可知,W 集团自 2012 年以来,其规模不断增加,从 2012 年的 378 802 百万元增加到 1 165 346 百万元,资产增长速度比较快。但从近五年的资产增长率来看,增长率的数值表现为时大时小,且公司资产规模增长速度整体呈现波动趋势,这说明公司的经

营业务并不稳定。较好的地方是,从2015年起,公司资产增长率持续上升,说明自2015年以来,公司资产规模呈加速增长模式,表明公司具备良好的增长能力。

从表5.3可以看出,W集团资产的来源:2013~2017年的股东权益增加额占资产增加额比重分别为23.21%、35.8%、19.84%、11.56%、7.47%;可以看出该公司资产增长的大部分来自负债的增加,说明这五年资产增长的来源具有一定的风险性,需引起各利息相关者的重视。

四、股东权益增长率

(一)股东权益增长率的定义与计算

股东权益增长率又称资本积累率,是本期股东权益增加额与股东权益期初余额之比,反映了企业所有者权益在当年的变动水平,体现了企业的资本积累与增长情况。股东权益增长率是衡量企业生产经营状况的标准之一,是评价企业发展能力的重要指标。股东权益增长率的计算公式为

$$股东权益增长率 = \frac{本期股东权益增加额}{股东权益期初余额} \times 100\% \tag{5.5}$$

股东权益增长率,反映投资者投入企业资本的保全性和增长性,反映了企业资本规模的扩张速度,是衡量企业股东权益总量规模变动和成长状况的重要指标。该指标数值越高,表明企业资本积累越多;若该指标为负值,则表明企业资本受到侵蚀,所有者权益受到了损害。

(二)股东权益增长率分析

股东权益主要来源于企业经营活动产生的净利润留存和筹资活动产生的股东净投资。股东净投资,就是股东对公司当年的新增投资扣除当年发放股利后的余额。因此,股东权益增长率还可以用公式(5.6)表示。

$$\begin{aligned}股东权益增长率 &= \frac{本期股东权益增加额}{股东权益期初余额} \times 100\% \\ &= \frac{净利润+(股东新增投资-支付股东股利)}{股东权益期初余额} \times 100\% \\ &= \frac{净利润+股东净支付}{股东权益期初余额} \times 100\% \\ &= 净资产收益率+股东净投资率\end{aligned} \tag{5.6}$$

从公式(5.6)可知,股东权益增长率受净资产收益率和股东净投资率两个因素影响。其中,净资产收益率反映了企业运用股东投入资本创造收益的能力;而股东净投资率反映了企业利用股东新投资的程度。这两个比率的高低都反映了对股东权益增长的贡献程度,但前者更能体现资本积累的本质,表现出良好的企业发展能力和发展后劲。从根本上说,一个公司的股东权益增长应该主要依赖于公司运用股东投入资本所创造的收益。尽管一个公司的价值在短期内可以通过筹集和投入尽可能多的资本来获得增加并且这种行为在扩大公司规模的同时有利于经营者,但这种策略通常不符合股东的最佳利益,因为它忽视了权益资本具有机会成本并应获得合理投资报酬的事实。

为正确判断和预测公司股东以比较权益规模的发展趋势和发展水平,应将公司不同时期的股东增长率加以比较。一个持续增长型公司,其股东权益应该是不断增长的,如果时增时减,则反映出公司发展不稳定,同时也说明公司并不具备良好的发展能力。因此仅仅计算和分析某个时期的股东权益增长率是不全面的,应利用趋势分析法将一个公司不同时期的股东权益增长率加以比较,从而正确评价公司增长能力;也就是说,股东权益增长率仍应进行趋势分析。

本章小结

企业发展能力,也称企业成长性,是指企业通过自身的生产经营活动,不断扩大积累而形成的发展潜能。衡量企业发展能力的核心指标是企业价值增长率;则影响企业价值增长的因素同样也是影响企业发展能力的因素,包括企业的销售收入、企业拥有的资产及净资产规模、企业的资金营运能力及盈利能力以及科学合理的股利政策。

本章内容所介绍的企业发展能力,是狭义的发展能力;对其分析时主要运用常见的各个增长率指标,包括销售增长率、利润增长率、资产增长率及股东权益增长率等指标。在对增长率指标进行分析时,不能只分析各个增长率指标及其变化趋势,还要注重各增长率指标之间的联系;因为从这些增长率指标之间的关系可分析出增长的原因以及增长是否是一种良性增长。

广义的增长是一种可持续增长的理念,由于涉及内容较多,故在本章中尚未提及。

第五章章后习题

一、单项选择题

(1)下列项目中,不属于企业资产规模增加的原因的是( )。
　　A.企业对外举债　　　　　B.企业实现盈利
　　C.企业发放股利　　　　　D.企业发行股票

(2)如果企业某一种产品处于成熟期,其收入增长率的特点是( )。
　　A.比值比较大　　　　　　B.与上期相比变动不大
　　C.比值比较小　　　　　　D.与上期相比变动非常小

(3)下列指标中,属于增长率指标的是( )。
　　A.产权比率　　　　　　　B.资本收益率
　　C.不良资产比率　　　　　D.资本积累

(4)从根本上看,一个企业的股东权益增长应主要依赖于( )。
　　A.净资产收益率　　　　　B.股东净投资率
　　C.净损益占营业收入比率　D.资本积累率

(5)企业产品销售增长较快,即某种产品收入增长率较高,则企业所处的阶段是( )。
　　A.投放期　　　　　　　　B.成长期

C. 成熟期　　　　　　　　D. 衰退期

二、多项选择题（备选项中至少有两个选项是正确的）

(1) 股东权益增长率的大小直接取决于下列因素中的(　　)。
A. 净资产收益率　　　　　B. 总资产周转率
C. 总资产报酬率　　　　　D. 股东净投资率
E. 净损益占股东权益比率

(2) 可以用来反映企业收益增长能力的财务指标有(　　)。
A. 净利润增长率　　　　　B. 收入增长率
C. 总资产报酬率　　　　　D. 资本积累率
E. 营业利润增长率

(3) 下列说法中，正确的是(　　)。
A. 股东权益增长率越高，表明企业本期股东权益增加得越多
B. 三年资本平均增长率可以均衡计算企业的三年平均资本增长水平
C. 一个持续增长型企业，其股东权益应该是不断增长的
D. 股东权益时增时减，说明企业并不具备良好的发展能力
E. 一个企业的股东权益增长应主要依赖于企业运用股东投入资本所创造的利润

(4) 下列说法中，正确的有(　　)。
A. 如果一个企业营业收入增长，但利润并未增长，那么从长远看，它并没有增加股东权益
B. 一个企业如果净利润增长但营业收入并没有增长，这样的增长对于企业而言是无法继续保持的
C. 净利润增长率可以比营业利润增长率更好的考察企业利润的成长性
D. 如果企业的净利润主要来源于营业利润，则表明企业有良好的发展能力
E. 应将企业连续多期的净利润增长率和营业利润增长率指标进行对比分析

(5) 下列关于可持续增长率的说法中，错误的有(　　)。
A. 可持续增长率是指企业仅依靠内部筹资时，可实现的最大销售增长率
B. 可持续增长率是指不改变经营效率和财务政策时，可实现的最大销售增长率
C. 在经营效率和财务政策不变时，可持续增长率等于实际增长率
D. 在可持续增长状态下，企业的资产、负债和权益保持同比例增长

三、判断并说明理由题（在括号中以√或×表示判断结果，并在次行说明理由）

(1) 在产品生命周期的成熟期，产品销售收入增长率一般趋于稳定，与上期相比变化不大。(　　)

(2) 获利能力强的企业，其增长能力也强。(　　)

(3)企业资产增长率越高,则说明企业的资产规模增长势头一定越好。(　　)

(4)若两个企业的三年资本平均增长率相同,就可以判断这两个企业具有相同的资本增长趋势。(　　)

(5)与盈利能力不一样,增长能力的大小不是一个相对概念。(　　)

四、思考探究题

(1)什么是企业发展能力?你是如何理解企业发展能力分为广义和狭义两种的?

(2)可以用哪些比率指标衡量企业发展能力?请对这些比率指标进行评析。

(3)请简述销售增长率的定义及计算公式。在利用该指标进行评价时,需要结合哪个或哪些指标做进一步的判断?

(4)请简述资产增长率在所有增长率指标中的重要性,并解释:该怎样分析才能进一步判断资产增长率是否是良性或效益性的增长?

(5)请简述股东权益增长率的定义及计算公式。

(6)如何使用利润增长率指标对企业的发展能力进行分析?

(7)请查阅有关可持续发展率的知识点并思考:实务中如何对一个企业的可持续发展能力进行量化评价?

五、案例分析题

整合与扩张并举下Q公司的发展(一)

Q公司是中国历史悠久的啤酒制造厂商,其前身为德英合资企业。1993年Q公司在香港交易所上市;同年,又在上海证券交易所上市。

国际、国内经济竞争的深层次化、多样化、国际化,巩固并提升了Q公司在啤酒行业的龙头地位。在2006年9月,Q公司提出了扩张与整合齐头并进的发展战略。在扩张上,将系统扩张作为动力,将改变格局作为中心,以开源为主,抓住机遇,增强其系统运营能力,加大资本投入。在整合上,以改善系统为目标,通过其一体化的系统运营能力W及专业化的协同能力来提高其对内系统控制力和对外系统的竞争力。在整合与扩张的进程中,新建和扩建项先后实施。Q公司生产规模日益扩大,其在全国市场布局也日趋完善。践行其品牌战略,推动Q公司三大品牌的整合,创新其营销模式,在国家体育事业上加大投入,通过体育营销,进行品牌活动的推广,使得其品牌知名度大为提升。2017年,Q公司全年共实现啤酒销售量797千万升,实现营业收入人民币262.77亿元,实现归属于上市公司股东的净利润人民币12.63亿元,同比增长21%。截至2017年底,Q公司在全国20个省、直辖市、自治区拥有60多家啤酒生产企业,公司规模和市场份额居国内啤酒行业领先地位。

Q公司有关财务数据见表5.4。

表5.4　Q公司合并资产负债表

单位：万元

项目	2014年	2015年	2016年	2017年
流动资产				
货币资金	638 865.08	840 175.16	857 268.52	980 548.51
应收票据	4 160.00	2 277.00	2 640.00	4 222.00
应收账款	12 542.16	11 799.10	12 464.70	14 139.72
预付款项	19 167.29	4 439.28	5 180.63	11 639.44
其他应收款	16 358.40	20 067.60	23 384.39	26 182.66
存货	248 682.71	218 243.51	241 244.28	239 291.01
其他流动资产	95 429.16	91 732.26	118 773.92	131 275.00
流动资产合计	1 035 204.80	1 188 733.91	1 260 956.44	1 407 298.34
非流动资产				
可供出售金融资产	30.86	60.86	60.86	60.00
长期股权投资	153 626.24	150 774.51	37 953.09	37 589.94
固定资产	911 877.62	989 690.59	1 144 761.15	1 099 146.22
在建工程	105 191.61	28 746.97	19 344.67	20 013.92
无形资产	278 058.43	270 709.96	297 474.68	277 621.63
商誉	130 710.40	130 710.40	130 710.40	130 710.40
递延所得税资产	71 878.61	76 915.87	104 220.96	113 589.41
其他非流动资产	13 812.74	13 715.95	12 233.6	11 441.32
非流动资产合计	1 665 186.51	1 661 325.11	1 746 759.41	1 690 172.84
资产总计	2 700 391.31	2 850 059.01	3 007 715.85	3 097 471.18
流动负债				
短期借款	43 295.26	81 038.73	30 234.10	28 253.42
应付票据	9 174.81	10 014.16	30 751.69	28 947.23
应付账款	249 416.89	259 098.69	204 922.94	208 373.38
预收款项	78 792.50	100 031.34	132 088.22	117 763.23
应付职工薪酬	86 666.86	92 562.98	98 841.70	103 262.81
应交税费	24 919.55	26 188.92	39 646.66	40 083.59
应付利息	473.99	148.61	73.73	81.52
其他应付款	429 931.21	406 129.84	491 881.93	518 405.50

续表5.4

项目	2014年	2015年	2016年	2017年
一年内到期的非流动负债	156.14	85.62	37.64	41.92
其他流动负债	—	—	—	10.73
流动负债合计	922 827.21	975 298.87	1 028 478.60	1 045 223.33
非流动负债				
长期借款	278.47	171.18	137.65	104.79
递延所得税负债	15 846.77	13 386.84	24 907.00	22 066.73
其他非流动负债	232 710.62	244 601.02	266 278.64	252 625.86
非流动负债合计	248 835.86	258 159.04	291 323.29	274 797.38
负债合计	1 171 663.07	1 233 457.91	1 319 801.89	1 320 020.71
股东权益				
股本	135 098.28	135 098.28	135 098.28	135 098.28
资本公积	407 939.92	407 507.89	344 418.97	344 418.15
其他综合收益	1 004.03	-2 032.62	-5 014.94	-903.88
盈余公积	121 633.95	140 070.44	140 070.44	140 070.44
一般风险准备	6 698.19	10 602.54	14 249.64	15 549.77
未分配利润	866 381.85	954 559.67	1 002 572.89	1 080 290.07
归属于母公司所有者权益合计	1 538 756.22	1 645 806.20	1 631 395.27	1 714 522.84
少数股东权益	-10 027.97	-29 205.10	56 518.68	62 927.63
所有者权益合计	1 528 728.24	1 616 601.11	1 687 913.96	1 777 450.47
负债及所有者权益合计	2 700 391.31	2 850 059.01	3 007 715.85	3 097 471.18

思考与讨论题

(1) 计算Q公司2016年、2017年的销售增长率、利润增长率、资产增长率、股东权益增长率。

(2) 分析并判断上述各增长率指标是否是良性增长。

(3) 查阅有关Q公司的资料,结合上述计算结果,请判断Q公司目前存在的增长问题有哪些?

(4) 试对Q公司的可持续发展能力进行分析,并提出后续的发展对策及建议。

第六章　企业综合分析方法

本章学习目标
(1)了解企业综合分析方法与前几章内容的不同。
(2)理解本章中所提及的几种综合分析法各自的特点。
(3)掌握杜邦分析法的相关知识点,沃尔比重评分法的评分步骤,以及综合评分法的评分体系结构。

第一节　杜邦分析法

杜邦分析法作为企业的综合分析方法之一,其重要性是不言而喻的。掌握杜邦分析法的定义及等式、杜邦分析图、杜邦分析法的应用及其优缺点,是本部分内容的学习目标。

一、杜邦分析法的定义及等式

杜邦分析法(DuPont analysis),又称杜邦财务分析体系,因最早由美国杜邦公司提出并应用,因此将该方法称为杜邦分析法。杜邦分析法以净资产收益率为核心指标,以销售净利率、总资产周转率及权益乘数为分析因子,利用指标间的相互关系对企业的财务状况及经营成果进行综合分析与评价,是以财务视角评价企业业绩的一种重要方法。

杜邦分析法通过杜邦等式对企业进行分析,等式见式(6.1)。

$$\text{净资产收益率} = \text{销售净利率} \times \text{总资产周转率} \times \text{权益乘数} \tag{6.1}$$

净资产收益率之所以能表示为销售净利率、总资产周转率及权益乘数三个因子的乘积,是根据其基本公式推导演化所得。推导过程论述如下。

$$\begin{aligned}
\text{净资产收益率} &= \text{净利润} \div \text{平均净资产} \times 100\% \\
&= (\text{净利润} \div \text{平均总资产}) \times (\text{平均总资产} \div \text{平均净资产}) \\
&= \text{总资产净利率} \times \text{权益乘数}
\end{aligned} \tag{6.2}$$

而总资产净利率又可以依此思路进行进一步的分解,具体如下。

$$\begin{aligned}
\text{总资产净利率} &= \text{净利润} / \text{平均总资产} \\
&= (\text{净利润} / \text{营业收入}) \times (\text{营业收入} \div \text{平均总资产}) \\
&= \text{销售净利率} \times \text{总资产周转率}
\end{aligned} \tag{6.3}$$

将上述公式(6.3)带入公式(6.2),即可得到公式(6.1)。

二、杜邦分析图

杜邦分析法在实务中可通过杜邦分析图来完成分析任务,具体如图6.1所示。
从图6.1中可以看到,杜邦分析图由上而下呈金字塔型。该方法以净资产收益率指

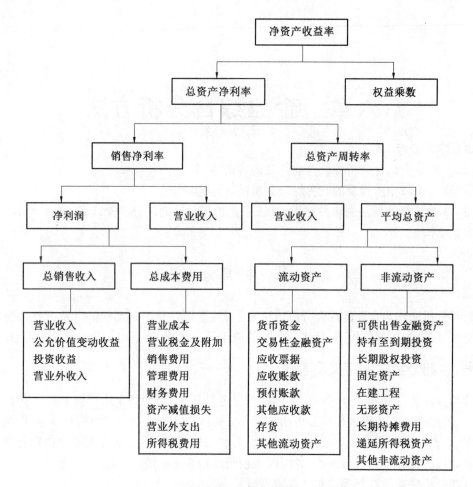

图 6.1 杜邦分析图

标为核心,将其表达为两个因子(即总资产净利率与权益乘数)相乘的形式;再通过变形表示成销售净利率、总资产周转率及权益乘数三个因子相乘的结果,从而表明了净资产收益率的各个影响因素,也为分析人员找到了提升净资产收益率的若干途径。上图 6.1 中,销售净利率属于盈利能力衡量指标;总资产周转率属于营运能力衡量指标;而权益乘数可用来衡量企业的偿债能力。因此,杜邦分析图能够较为全面地评价企业的诸多方面财务状况,是一种综合性较强的分析方法。

上述销售净利率、总资产周转率及权益乘数三个因子根据各自的计算公式继续逐层向下分解,直至分解为财务报表中的具体项目为止。这种分解的目的在于能够将净资产收益率的提升途径追根究源地归结至财务报表的各个具体项目,使每个提升途径均具有可操作性。

三、杜邦分析法的应用分析

以下将举例说明杜邦分析法的应用,以便更深入地掌握杜邦分析法的本质。

例 6.1 下面以 W 集团为例,说明杜邦分析法的运用。W 集团的基本财务数据见表

6.1、表6.2。

表6.1　W集团基本财务数据表

单位：百万元

年份	净利润	营业收入	资产总额	负债总额	总成本费用
2017	37 208	242 897	1 165 347	978 673	198 324
2016	28 350	240 477	830 674	668 998	206 467

表6.2　W集团财务比率计算表

项目	2017年	2016年	规模变动情况		2015年
			增减额	增减率	
净资产收益率/%	22.80	19.68	3.12	15.85	19.14
总资产净利率/%	3.73	3.93	−0.2	−5.09	4.64
权益乘数	6.11	5.01			4.13
销售净利率/%	15.32	11.79	3.53	29.94	13.27
总资产周转率/次	0.24	0.33	−0.09	−27.27	0.35
资产负债率/%	83.98	80.54	3.44	4.27	77.70

注：按照公式计算：净资产收益率=销售净利率×总资产周转率×权益乘数

该表中的总资产净利率由销售净利率与总资产周转率相乘计算出来。

根据上表6.1、表6.2内的相关数据及资料，运用杜邦分析法对W集团进行财务综合分析。

1. 对净资产收益率的分析

净资产收益率是衡量公司利用净资产获取利润能力的指标。净资产收益率充分考虑了筹资方式对公司盈利能力的影响，因此，它所反映的盈利能力是公司经营能力、财务决策和筹资方式等多种因素综合作用的结果。

W集团的净资产收益率从2015~2017年呈逐年上升趋势，2017年较2016年上升了3.12%，说明公司的财务状况总体良好。公司投资者在很大程度上依据该指标来判断是否投资或者是否转让股份，考察经营者业绩和决定股利分配政策。同时，这些指标对公司的管理层也至关重要。

2. 分解分析过程

公司经理层为改善提升财务业绩而进行财务分析，可以将净资产收益率分解为权益乘数和总资产净利率，以找到问题产生的原因。净资产收益率的分解过程如下所示。

净资产收益率=总资产净利率×权益乘数

2017年的净资产收益率=3.73×6.11≈22.79

2016年的净资产收益率=3.93×5.01≈19.69

经过分解可以看出，2017年净资产收益率较上一年上升是因为2017年的权益乘数从2016年的5.01提升至6.11，但是2017年的总资产净利率较上年降低了。为进一步分析总资产净利率下降的原因，需对其进行再分解，分解过程如下所示。

总资产净利润=销售净利率×总资产周转率
2017年的总资产净利率=15.32×0.24≈3.73
2016年的总资产净利率=11.79×0.33≈3.93

通过分解过程可以看出,2017年总资产净利率降低主要是由于总资产周转率降低带来的,说明资产利用效果弱于上一年度,该公司利用其总资产产生营业收入的效率降低了。

该公司权益乘数在2015~2017年间呈上升趋势,权益乘数越大,公司负债程度相对越高,偿还债务能力越弱,财务风险程度越高。这个指标同时也反映了财务杠杆对利润水平的影响。财务杠杆具有两方面的作用:在收益好的年度,它可以使股东获得的潜在报酬增加,但股东要承担因负债增加而引起的风险;在收益不好的年度,则可能使股东潜在的报酬下降。该公司的权益乘数近三年处于4.13~6.11之间,资产负债率较高,公司财务风险较大,不属于稳健战略型公司。

四、杜邦分析法的优缺点

杜邦分析法作为一种综合性的分析方法,以当前的财务结果为起点,层层分解,逐步深入,探究造成当前此结果的原因,形成了一个较为完整的分析体系,其优点是显而易见的。正因为如此,杜邦分析法在全球众多知名公司中被广泛应用。

任何一种分析方法或分析工具均有利弊;了解杜邦分析法的弊端,有助于在实际应用中扬长避短,避免其缺陷对财务分析结论的不当影响。具体而言,杜邦分析法具有如下缺陷。

1. 指标的非全面性

杜邦分析法作为一种传统财务指标分析的集大成者,所采用的指标如净资产收益率、总资产周转率、权益乘数等,均属于财务指标,是从财务绩效方面对公司进行分析。但是在全球经济一体化时代下,企业所处的外部环境是急剧发生变化的,不以战略的视角对企业外部环境进行分析和评价,对企业的后续发展是极为不利的;一些反映企业战略意图的非财务指标如市场占有率、顾客忠诚度、员工满意度,是评价企业可持续发展能力时不容忽视的指标。因此,杜邦分析法仅采用财务指标分析企业不具有全面性。

2. 财务业绩分析的短期性

杜邦分析法所用的财务指标,均属于对企业短期财务业绩进行分析和评价,偏重于对企业短期的财务结果。这样势必造成企业管理层的短期行为,不利于企业长期价值的创造。

3. 预测未来的局限性

杜邦分析法所采用的财务指标均是历史成本计量观下的产物,即分析的均是企业过去的财务状况或经营业绩,是对过去某一时点或过去某一时期的业绩反映。然而,当前财务报表分析还应具有另外一种功能,即为信息使用者提供预测与决策有用的信息;但是杜邦分析法在此方面是无能为力的。

尽管杜邦分析法有诸多缺陷,但是经过一定的改进优化,或与其他专项分析方法相结合,它仍是一种非常有用的综合分析方法。

第二节 沃尔比重评分法

一、沃尔比重评分法的定义

亚历山大·沃尔于20世纪初在其著作《信用晴雨表研究》及《财务报表比率分析》中,提出了"信用能力指数"概念。亚历山大·沃尔选定了流动比率、产权比率、固定资产比率、存货周转率、应收账款周转率、固定资产周转率、权益周转率七项指标,将上述七项指标用线性关系结合起来,分别给定各自的权重;再通过与各自的标准比率进行对比,确定各项指标的得分以及企业总体指标的累计分数,形成了沃尔比重评分法。通过该方法,企业可评价其综合财务情况。

二、沃尔比重评分法的分析步骤

沃尔比重评分法作为一种综合分析方法,包括四个分析步骤,现论述如下。

1. 计算每一个比率的实际比率

沃尔比重评分法包含七项比率指标;根据被分析公司的财务报表相关数据,求出每一比率指标的实际比率。

2. 计算相对比率

将实际比率与标准比率相除,求得每一指标的相对比率。计算公式为

$$相对比率 = 实际比率 \div 标准比率$$

3. 计算每项比率的得分

$$每项比率的得分 = 该项的相对比率 \times 该项的比重$$

4. 计算该企业或公司的综合得分

$$公司综合得分 = \sum 每项比率的得分$$

通过上述分析步骤,即可将公司的综合财务情况进行量化,方便进行不同公司的财务信息对比。

三、沃尔比重评分法应用举例

以下将通过例题说明沃尔比重评分法的计算步骤及分析思路,以期与企业其他财务综合分析方法进行比对,探寻各自的优缺点及适用范围。

例6.2 采用沃尔比重评分法对W集团2017年的信用状况进行评分,结果见表6.3。

表6.3 W集团各项财务比率

财务比率	比重 (1)	标准比率 (2)	实际比率 (3)	相对比率 (4)=(3)/(2)	评分 (5)=(4)*(1)
流动比率	10	2	1.2	0.6	6
净资产/负债	15	1.2	0.19	0.16	2.4

续表6.3

财务比率	比重(1)	标准比率(2)	实际比率(3)	相对比率(4)=(3)/(2)	评分(5)=(4)*(1)
资产/固定资产	10	1.84	0.61	0.33	3.3
营业成本/存货	15	0.41	0.30	0.73	10.95
销售额/应收账款	25	68.72	138.48	2.02	50.5
销售额/固定资产	20	27.42	34.93	1.27	25.4
销售额/净资产	5	1.64	1.97	1.2	6
合计	100				104.55

从上例可见,沃尔比重评分法将企业的综合财务情况进行了量化,使得企业之间的财务信息具有了可比性。该方法容易理解,计算较为简洁,具有较强的可操作性。因此,该方法可应用地较为广泛。

四、沃尔比重评分法的优缺点

沃尔比重评分法作为一种综合分析方法,其优点是显而易见的:第一,将企业的综合财务状况量化,既便于公司自身各个年度的财务信息对比,又有助于不同公司间的财务信息比较;第二,该种方法所需的相关财务数据容易获得,计算较为简便。

然而,沃尔比重评分法存在着一些缺陷是需要避免或需要引起关注的:第一,从理论上看,亚历山大·沃尔并没有论述为什么选择了七项财务比率指标而不是更多或更少,同样也未论述为什么选择的是这七项比率指标而不是其他七项指标;第二,在沃尔比重评分法中使用了七项比率指标,并分别赋予其不同的比重,以表明其在总指标体系中的重要性,但是并未解释每个比率指标赋予比重的依据;第三,从实践上看,沃尔比重评分法存在着一个技术缺陷,是由财务比率与其比重相乘所造成的,即当财务比率提高一倍,评分会增加100%,但当财务比率降低一半,评分只减少50%。

在应用沃尔比重评分法时,注意到其优缺点有助于应用者扬长避短,使分析结果更符合客观实际。

第三节 综合评分法

一、综合评分法概述

综合评分法属于财务报表分析的一种综合性分析方法,目前在我国中央企业广泛应用。

综合评分法是一个指标体系群,从定量和定性两方面分别构建评价指标对企业的综合绩效进行评价。在定量评价方面,分别对企业的盈利能力、资产质量状况、债务风险状况及经营增长状况进行比率分析;在定性评价方面,对战略管理、发展创新、经营决策、风险控制等评价指标进行分析,最后计算其综合评价得分并确定其评价结果等级。

与其他企业综合分析方法相比较而言,综合评分法将定量指标与定性指标相结合,定量指标在整个体系中占据大部分权重,同时考虑了定性指标,保证了分析结果的全面性。

二、综合评分法的步骤

采用综合评分法对企业进行综合分析,其一般程序和步骤包括如下内容。

(一)选择业绩评价指标

综合评分法体系由财务绩效定量评价指标及管理绩效定性评价指标两部分构成,前者占70%的权重,后者占30%的权重。

1. 财务绩效定量评价指标

财务绩效定量评价指标分别对企业的盈利能力、资产质量、债务风险及经营增长状况四个方面进行分析,每个方面均由基本指标和修正指标两部分构成,基本指标各为两个,修正指标基本上采用3~4个比率指标。

2. 管理绩效定性评价指标

管理绩效定性评价指标主要用于衡量企业除财务方面之外的、与企业战略紧密相关的非财务性战略指标,包括战略管理、发展创新、经营决策、风险控制、基础管理、人力资源、行业影响及社会贡献指标。

通过选择,得到如下企业综合绩效评价指标体系表。

表6.4 企业综合绩效评价指标体系表

评价方面	财务绩效定量评价指标		管理绩效定性评价指标
	基本指标	修正指标	
一、盈利能力方面	净资产收益率 总资产报酬率	销售利润率 盈余现金保障倍数 成本费用利润率 资本收益率	战略管理 发展创新 经营决策 风险控制 基础管理 人力资源 行业影响 社会贡献
二、资产质量方面	总资产周转率 应收账款周转率	不良资产比率 流动资产周转率 资产现金回收率	
三、债务风险方面	资产负债率 已获利息倍数	速动比率 现金流动负债比率 带息负债比率 或有负债比率	
四、经营增长状况方面	销售增长率 资本保值增值率	销售利润增长率 总资产增长率 技术投入比率	

资料来源:根据国务院国有资产监督管理委员会发布的《中央企业综合绩效评价实施细则》(2006年)整理所得。

从上表可见该方法的综合性较强,对企业的绩效评价也较为综合和全面。

（二）确定各项指标的标准值及标准系数

为使综合分析具有可比性和科学性，综合评分法对财务绩效基本指标及修正指标规定了标准值及标准系数。

1. 财务绩效基本指标标准值及标准系数

财务绩效基本指标标准值及标准系数由财政部定期颁布，分为优秀、良好、平均、较低及较差五个档次；标准值因企业所在行业及企业规模的不同而有所不同。以2017年为例，企业财务绩效8个基本指标的标准值见表6.5。

表6.5 企业财务绩效基本指标标准值表

标准系数 项目	优秀 (1)	良好 (0.8)	平均 (0.6)	较低 (0.4)	较差 (0.2)
净资产收益率					
总资产报酬率					
总资产周转率					
应收账款周转率					
资产负债率					
已获利息倍数					
销售增长率					
资本保值增值率					

2. 财务绩效修正指标标准值及修正系数

前述财务绩效基本指标属于分析企业财务绩效的核心指标，但是不具有全面性。为此，需要相应的修正指标对财务绩效指标体系进行补充。财务绩效修正指标仍然是从4个方面对企业进行分析，每个方面采用前述3~4个比率指标进行衡量。仍以2017年为例，企业财务绩效14个修正指标的标准值见表6.6。

表6.6 企业财务绩效修正指标标准值表

标准系数 项目	优秀 (1)	良好 (0.8)	平均 (0.6)	较低 (0.4)	较差 (0.2)
一、盈利能力状况					
销售利润率					
盈余现金保障倍数					
成本费用利润率					
资本收益率					
二、资产质量状况					
不良资产比率					
流动资产周转率					
资产现金回收率					
三、债务风险状况					

续表6.6

标准系数 项目	优秀 (1)	良好 (0.8)	平均 (0.6)	较低 (0.4)	较差 (0.2)
速动比率					
现金流动负债比率					
带息负债比率					
或有负债比率					
四、经营增长状况					
销售利润增长率					
总资产增长率					
技术投入比率					

(三) 确定各项指标的权数

在综合评分法体系中,用到了财务绩效定量指标及管理绩效定性指标,其中财务绩效定量指标包括8个基本指标及14个修正指标。为此,需要根据评价目的及指标的重要性确定指标的权重。

下表6.7是评价体系中各类各项指标的权重。

表6.7 企业综合绩效评价指标权重表

评价方面	财务绩效定量评价指标(权重70%)		管理绩效定性评价指标(权重30%)
	基本指标(100)	修正指标(100)	
一、盈利能力方面 (34)	净资产收益率 (20) 总资产报酬率 (14)	销售利润率 (10) 盈余现金保障倍数 (9) 成本费用利润率 (8) 资本收益率 (7)	战略管理 (18)
二、资产质量方面 (22)	总资产周转率 (10) 应收账款周转率 (12)	不良资产比率 (9) 流动资产周转率 (7) 资产现金回收率 (6)	发展创新 (15) 经营决策 (16) 风险控制 (13)
三、债务风险方面 (22)	资产负债率 (12) 已获利息倍数 (10)	速动比率 (6) 现金流动负债比率 (6) 带息负债比率 (5) 或有负债比率 (5)	基础管理 (14) 人力资源 (8) 行业影响 (8) 社会贡献 (8)
四、经营增长方面 (22)	销售增长率 (12) 资本保值增值率 (10)	销售利润增长率 (10) 总资产增长率 (7) 技术投入比率 (5)	

资料来源:根据国务院国有资产监督管理委员会发布的《中央企业综合绩效评价实施细则》(2006年)整理所得。

(四)计算各类指标得分

由于综合评分法的体系既包括财务绩效指标,又包括管理绩效指标,因此,需要计算各类指标得分。

1. 计算财务绩效基本指标得分

财务绩效基本指标是对企业财务绩效基本情况方面的反映及评价。通行的做法是采用功效系数法将评价指标的实际值与行业评价标准值对比,按照相关公式计算财务绩效基本指标的得分。

首先,需要计算各单项指标的得分,具体计算公式见式(6.4)。

单项财务绩效基本指标得分
= 本档基础分+本档调整分
= 指标权数×本档标准系数+功效系数×(上档基础分−本档基础分)
= 指标权数×本档标准系数+功效系数×(指标权数×上档标准系数−本档基础分)

(6.4)

其中,功效系数的计算公式见式(6.5)。

$$功效系数 = \frac{实际值-本档标准值}{上档标准值-本档标准值} \quad (6.5)$$

公式(6.5)中的"本档标准值"是指上下两档标准值中居于较低等级的一档。

之后,计算出各单项指标的得分后,即可计算出财务绩效基本指标的总分。

$$四个方面指标得分 = \sum 每方面基本指标得分 \quad (6.6)$$

$$财务绩效基本指标总分 = \sum 四个方面基本指标得分 \quad (6.7)$$

2. 计算财务绩效修正指标及修正系数

财务绩效修正指标及修正系数的计算需要分步进行:先计算单项指标的修正系数,再计算分类综合修正系数。

第一,单项指标修正系数的计算。

单项指标修正系数=1.0+(本档标准系数+功效系数×0.2−该类基本指标分析系数)

(6.8)

其中功效系数的计算公式与前述一步相同。

第二,计算分类综合修正系数。

$$分类综合修正系数 = \sum 类内单项指标的加权修正系数 \quad (6.9)$$

其中,"单项指标的加权修正系数"计算公式见式(6.10)。

单项指标的加权修正系数=单项指标修正系数×该项指标在本类指标中的权重

(6.10)

3. 计算修正后的得分

修正后的得分计算公式为

$$修正后得分 = \sum (分类综合修正系数×分类基本指标得分) \quad (6.11)$$

4. 计算管理绩效定性评价指标得分

管理绩效定性评价指标的得分需要通过评议的方式获得,一般采用的是专家评分法。具体而言,评议时需至少7名专家对被分析企业进行充分的沟通和调研,之后根据评价标准采取综合分析判断法对企业的管理绩效指标进行分析并给出评价分数。具体的评分项目及等级参数见下表6.8。

（1）获得各位专家的打分。

表6.8 企业管理绩效定性评价指标等级表

评议指标	权数	等级（参数）				
		优	良	中	低	差
战略管理	18	√				
发展创新	15		√			
经营决策	16	√				
风险控制	13			√		
基础管理	14		√			
人力资源	8	√				
行业影响	8		√			
社会贡献	8	√				

资料来源：根据国务院国有资产监督管理委员会发布的《中央企业综合绩效评价实施细则》（2006年）整理所得。

上表6.8是某一位专家的打分情况表，其他专家打分情况与此类似。

（2）根据各位专家的打分情况计算单项指标得分。

$$单项指标得分 = \sum \frac{单项指标权数 \times 各评议专家给定等级参数}{评议专家人数} \quad (6.12)$$

比如，根据上述指标即可得出战略管理指标的得分。

（3）计算其他管理绩效定性指标。

其他管理绩效定性指标的计算如上所述。

（4）计算管理绩效定性指标总分。

$$管理绩效定性指标总分 = \sum 单项指标得分 \quad (6.13)$$

（五）计算综合评价得分

根据上述第四步，得出财务绩效定量评价得分及管理绩效定性评价得分后，按照事先规定的各类权重，计算出企业综合评价得分，计算公式见式(6.14)。

企业综合绩效评价得分
$$= 财务绩效定量评价得分 \times 70\% + 管理绩效定性评价得分 \times 30\% \quad (6.14)$$

（六）确定综合评价结果等级

计算出企业综合绩效评价得分后，即可确定综合评价结果等级。企业综合绩效评价类型与评价等级表见表6.9。

表 6.9　企业综合绩效评价类型与评价级别表

评价类型	评价级别	评价得分
优(A)	A++	A++≥95 分
优(A)	A+	95 分>A+≥90 分
优(A)	A	90 分>A+≥85 分
良(B)	B+	85 分>B+≥80 分
良(B)	B	80 分>B≥75 分
良(B)	B-	75 分>B-≥70 分
中(C)	C	70 分>C≥60 分
中(C)	C-	60 分>C-≥50 分
低(D)	D	50 分>D≥40 分
差(E)	E	E<40 分

资料来源:根据国务院国有资产监督管理委员会发布的《中央企业综合绩效评价实施细则》(2006年)整理所得。

报表分析者根据分析对象计算出综合评价得分后,即可根据上表确定该分析对象的综合绩效评价类型与评价级别,也就此对企业的综合财务绩效作了量化分析,使得与其他企业的对比有了客观基础。

三、综合评分法应用举例

仍以 W 集团为例,采用综合评分法对其进行综合财务绩效分析,计算过程如下所示(限于篇幅,仅列示前几个核心步骤的计算过程)。

首先计算 W 集团 2017 年的财务绩效各基本指标,结果见表 6.10。

表 6.10　W 集团 2017 年财务绩效基本指标表

基本指标	2017 年
净资产收益率	22.80%
总资产报酬率	5.33%
总资产周转率/次	0.24
应收账款周转率/次	142.82%
资产负债率	83.98%
已获利息倍数/倍	25.65
销售(营业)增长率	1.01%
资本保值增值率	115.46%

W 集团 2017 年各项财务绩效修正指标见表 6.11。

表 6.11 W 集团 2017 年财务绩效修正指标表

修正指标	2017 年
销售(营业)利润率	20.92%
盈余现金保障倍数(倍)	2.21
成本费用利润率	25.96%
资本收益率	192.41%
流动资产周转率/次	0.24
资产现金回收率	8.25%
速动比率	50.00%
现金流动负债比率	9.72%
带息负债比率	19.58%
或有负债比率	0.09%
销售(营业)利润增长率	30.22%
总资产增长率	40.29%
技术投入比率	0.83%

W 集团基本指标得分计算表见表 6.12。

表 6.12 W 集团基本指标得分计算表

类别	基本指标(权数)	单项指标得分	分类指标得分
一、盈利能力状况	净资产收益率(20)	20	29.56
	总资产报酬率(14)	9.56	
二、资产质量状况	总资产周转率(10)	0.96	12.96
	应收账款周转率(12)	12	
三、债务风险状况	资产负债率(12)	12	22
	已获利息倍数(10)	10	
四、经营增长状况	销售(营业)增长率(12)	0.69	10.69
	资本保值增值率(10)	10	
基本指标总分			75.21

之后再计算 W 集团基本指标的修正得分。

表 6.13 W 集团基本指标修正后的得分

项目	类别修正系数	基本指标得分	修正后得分
盈利能力状况	1.17	29.56	34.59
资产质量状况	0.21	12.96	2.72
债务风险状况	0.55	22	12.1
经营增长状况	0.21	10.69	2.24
修正后定量指标总分			51.65

本章小结

杜邦分析法以净资产收益率为核心指标,以销售净利率、总资产周转率及权益乘数为分析因子,利用指标间的相互关系对企业的财务状况及经营成果进行综合分析与评价,是以财务视角评价企业业绩的一种重要方法。杜邦分析法作为一种综合性的分析方法,以当前的财务结果为起点,层层分解,逐步深入,探究造成当前结果的原因,形成了一个较为完整的分析体系,其优点是显而易见的。正因为如此,杜邦分析法在全球众多知名公司中被广泛应用。

亚历山大·沃尔于20世纪初在其著作《信用晴雨表研究》及《财务报表比率分析》中,提出了"信用能力指数"概念。亚历山大·沃尔选定了流动比率、产权比率、固定资产比率、存货周转率、应收账款周转率、固定资产周转率、权益周转率七项指标,将上述七项指标用线性关系结合起来,分别给定各自的权重;再通过与各自的标准比率进行对比,确定各项指标的得分以及企业总体指标的累计分数,形成了沃尔比重评分法。通过该方法,企业评价其综合财务情况。尽管沃尔比重评分法存在着一定的缺陷,但是作为一种综合分析方法,其优点是显而易见的。

综合评分法属于财务报表分析的一种综合性分析方法,目前在我国中央企业广泛应用。综合评分法是一个指标体系群,从定性和定量两方面分别构建评价指标对企业的综合绩效进行评价。在定量评价方面,分别对企业的盈利能力、资产质量状况、债务风险状况及经营增长状况进行比率分析;在定性评价方面,采用了战略管理、发展创新、经营决策、风险控制等评价指标进行分析,最后计算其综合评价得分并确定其评价结果等级。与其他企业综合分析方法相比较而言,综合评分法将定量指标与定性指标相结合,定量指标在整个体系中占据大部分权重,同时考虑了定性指标,保证了分析结果的全面性。

上述三种企业综合分析方法均具有各自的特征,在实践中需根据分析目标进行选择。

第六章章后习题

一、单项选择题

(1) 杜邦分析法的核心指标是( )。
  A. 总资产净利率 B. 净资产收益率
  C. 销售净利润率 D. 总资产周转率

(2) 杜邦分析法主要用于( )。
  A. 偿债能力分析 B. 营运能力分析
  C. 盈利能力分析 D. 财务状况综合分析

(3) 能够反映企业业务所产生的,可以向所有资本供应者提供的现金流量是( )。
  A. 自由现金流量 B. 经营活动现金流量
  C. 现金及现金等价物净增加额 D. 净现金流量

(4) 沃尔比重评分法不考虑以下哪项指标( )。

A. 流动比率　　　　　　B. 产权比率
C. 应收账款周转率　　　D. 权益净利率

(5)在杜邦分析法中，权益乘数反映所有者权益同企业总资产的关系，它主要受下列指标中的(　　)影响。

A. 资产周转率　　　　　B. 销售净利润率
C. 产权比率　　　　　　D. 资产负债率

二、多项选择题(备选项中至少有两个选项是正确的)

(1)杜邦分析法的作用包括(　　)。

A. 解释指标变动的原因及变动趋势
B. 了解企业财务状况的全貌以及各项财务分析指标间的结构关系
C. 查明各项主要财务指标增减变动的影响因素及存在的问题
D. 为决策者优化资产结构和资本结构，提高偿债能力和经营效益提供了基本思路
E. 通过创建新的指标体系来分析评价企业的综合财务绩效

(2)以下关于杜邦分析法的计算公式中，正确的有(　　)。

A. 总资产净利率＝销售净利率×总资产周转率
B. 净资产收益率＝销售毛利率×总资产周转率×权益乘数
C. 净资产收益率＝总资产净利率×权益乘数
D. 权益乘数＝资产/股东权益＝1/(1＋资产负债率)
E. 净资产收益率＝权益乘数×销售毛利率

(3)关于沃尔评分法，下列说法正确的有(　　)。

A. 相对比率是标准比率和实际比率的差
B. (营业收入/应收账款)的标准比率设定为6.0
C. 沃尔评分法包括7个财务比率
D. 沃尔评分法是建立在完善的理论基础之上的一种分析方法
E. 沃尔评分法对7项财务比率指标赋予相同的权重，之后再计算企业的综合财务绩效总分

(4)杜邦分析法中，决定净资产收益率高低的因素有(　　)。

A. 营业利润率　　　　　B. 总资产周转率
C. 销售利润率　　　　　D. 权益乘数
E. 销售毛利率

(5)影响总资产净利率的因素主要有(　　)。

A. 产品的价格　　　　　B. 单位成本的高低
C. 销售量　　　　　　　D. 总资产周转率
E. 权益乘数

三、判断并说明理由题(在括号中以√或×表示判断结果，并在次行说明理由)

(1)净资产收益率反映的获利能力是企业经营能力、财务决策能力和筹资方式等各种因素综合作用的结果。(　　)

(2)了解杜邦分析法的弊端,有助于在实际应用中扬长避短,避免其缺陷对财务分析结论的不当影响。( )

(3)沃尔比重评分法包括了10个财务指标。( )

(4)综合评分法从定性和定量两方面分别构建评价指标对企业的综合绩效进行评价。( )

(5)综合评分法体系由财务绩效定量评价指标及管理绩效定性评价指标两部分构成,分别占50%的权重。( )

四、思考探究题

(1)企业综合分析方法有哪些?
(2)企业综合分析方法中杜邦分析法、沃尔评分法以及综合评分法各自有什么特点?你如何看待这些方法?
(3)请简述杜邦分析法的定义及杜邦分析等式,并说明杜邦分析法可用来分析企业哪些方面的能力?
(4)通过杜邦分析法,可以发现哪些途径能提升企业的净资产收益率?
(5)请简述沃尔评分法的评分步骤。
(6)沃尔评分法的优缺点有哪些?
(7)请简述综合评分法的评分思路,并对评分思路的优点进行阐述。

五、案例分析题

整合与扩张并举下 Q 公司的发展(二)

仍用上一章 Q 公司作为案例企业,案例资料及资产负债表见第五章章末案例。Q 公司的利润表、现金流量表和股利发放情况见表6.14。

表6.14 Q公司合并利润表

单位:万元

项目	2014 年	2015 年	2016 年	2017 年
一、营业总收入	2 904 932.12	2 763 468.60	2 610 634.37	2 627 705.17
其中:营业收入	2 904 932.12	2 763 468.60	2 610 634.37	2 627 705.17
二、营业总成本	2 678 902.76	2 624 193.57	2 461 706.06	2 460 105.87

续表6.14

项目	2014 年	2015 年	2016 年	2017 年
其中:营业成本	1 789 929.13	1 719 210.17	1 526 527.95	1 562 213.09
营业税金及附加	218 262.42	203 039.43	223 136.49	232 502.81
销售费用	568 298.14	590 453.92	602 943.92	576 894.36
管理费用	136 229.75	141 243.55	134 054.32	124 425.64
财务费用	−33 465.30	−29 959.75	−25 740.83	−37 001.72
资产减值损失	−351.38	206.24	784.20	1 071.68
投资收益（损失以"—"号填列）	2 395.95	46 241.28	15 096.97	5 798.82
三、营业利润（亏损以"—"号填列）	228 425.30	185 516.32	164 025.29	199 222.53
加:营业外收入	46 941.69	55 881.75	72 149.23	14 562.35
减:营业外支出	7 067.11	13 915.83	23 830.34	3 303.02
四、利润总额（亏损总额以"—"号填列）	268 299.88	227 482.24	212 344.18	210 481.86
减:所得税费用	66 346.68	66 277.89	101 774.33	72 256.30
五、净利润（净亏损以"—"号填列）	201 953.21	161 204.35	110 569.85	138 225.56
归属于母公司所有者的净利润	199 009.80	171 312.89	104 348.64	126 301.72
少数股东损益	2 943.40	−10 108.54	6 221.20	11 923.85
六、每股收益				
（一）基本每股收益	1.473 0	1.268 0	0.772 0	0.935 0
（二）稀释每股收益	1.473 0	1.268 0	0.772 0	0.935 0

表6.15 Q公司合并现金流量表

单位:万元

项目	2014 年	2015 年	2016 年	2017 年
一、经营活动产生的现金流量				
销售商品、提供劳务收到的现金	3 145 996.74	3 017 138.83	2 927 707.82	2 961 913.76
收到的税费返还	2 180.80	1 002.87	2 280.85	2 816.90
收到其他与经营活动有关的现金	134 583.58	112 458.16	98 721.38	79 730.69
经营活动现金流入小计	3 282 761.12	3 130 599.86	3 028 710.05	3 044 461.35
购买商品、接受劳务支付的现金	1 747 250.16	1 585 212.61	1 391 523.61	1 453 305.70

续表6.15

项目	2014年	2015年	2016年	2017年
支付给职工以及为职工支付的现金	381 509.45	403 114.59	429 009.42	432 657.74
支付的各项税费	545 335.34	492 097.23	526 119.98	528 340.08
支付其他与经营活动有关的现金	439 602.74	392 718.86	384 967.92	407 804.24
经营活动现金流出小计	3 113 697.69	2 873 143.29	2 731 620.93	2 822 107.76
经营活动产生的现金流量净额	169 063.43	257 456.58	297 089.12	222 353.59
投资活动产生的现金流量				
收回投资收到的现金	—	90 000.00	297 046.75	194 090.86
取得投资收益收到的现金	1 528.97	4 495.20	4 504.51	6 172.55
处置固定资产、无形资产和其他长期资产收回的现金净额	600.21	4 367.03	2 686.80	852.22
收到其他与投资活动有关的现金	102 645.80	96 458.40	60 745.75	49 992.53
投资活动现金流入小计	104 774.98	241 318.94	364 983.81	251 108.17
购建固定资产、无形资产和其他长期资产支付的现金	194 886.58	131 444.96	85 587.21	88 819.36
投资所支付的现金	24 646.94	121 150.79	325 990.00	201 090.00
取得子公司及其他营业单位支付的现金净额	17 527.11	10 000.00	57 206.00	3 118.52
支付其他与投资活动有关的现金	3 664.93	2 394.12	12 602.12	8 447.27
投资活动现金流出小计	240 725.56	264 989.87	481 385.33	301 475.16
投资活动产生的现金流量净额	−135 950.58	−23 670.94	−116 401.52	−50 366.99
三、筹资活动产生的现金流量				
吸收投资收到的现金	—	68 568.87	—	240.00
其中:子公司吸收少数股东投资收到的现金				240.00
取得借款收到的现金	33 533.95	—	4 600.00	32 928.52
发行债券收到的现金				
收到其他与筹资活动有关的现金	—	30 409.50	—	—
筹资活动现金流入小计	33 533.95	98 978.37	4 600.00	33 168.52
偿还债务支付的现金	181 282.17	32 866.24	91 853.89	32 967.52
分配股利和利润或偿还利息支付的现金	68 551.94	69 074.09	59 730.39	53 473.08

续表6.15

项目	2014年	2015年	2016年	2017年
其中:子公司支付少数股东的股利和利润	5 756.65	6 901.54	5 662.30	5 712.90
支付其他与筹资活动有关的现金	29 179.61	105.84	57.85	45.26
筹资活动现金流出小计	279 013.72	102 046.16	151 642.13	86 485.86
筹资活动产生的现金流量净额	−245 479.76	−3 067.79	−147 042.13	−53 317.34
四、汇率变动对现金及现金等价物的影响	−484.58	180.59	1 764.42	−1 425.67
五、现金及现金等价物净增加额	−212 851.49	230 898.44	35 409.88	117 243.59
加:期初现金及现金等价物余额	739 490.46	526 638.98	757 537.42	792 947.30
六、期末现金及现金等价物余额	526 638.98	757 537.42	792 947.30	910 190.89

表6.16 Q公司股利发放情况表

单位:万元

项目	2014年	2015年	2016年	2017年
每股股利	0.45	0.39	0.35	0.42

思考与讨论题

(1)请用杜邦分析法分析Q公司的净资产收益率的变动原因。

(2)使用因素分析法分析各因素对净资产收益率的影响程度。

(3)利用沃尔比重评分法对Q公司进行评分,并对Q公司2017年的信用状况评分。

(4)假如你是投资者,你对Q公司的评价如何?假如你是银行风险控制人员,你对Q公司的评价又如何?

第七章 战略管理视域下的企业综合分析方法

本章学习目标
(1)了解战略及战略管理的理念。
(2)理解战略管理视域下企业的各种综合分析方法,并理解各种方法的优点。
(3)掌握经济增加值法的定义及计算分析步骤;掌握平衡计分卡的相关知识点,包括定义,内容以及相互关系。

第一节 经济增加值法(EVA)

当前,企业面临的竞争日趋激烈,不仅要经营管理好企业内部的生产活动,更要重视其外部环境的瞬息万变,敏锐把握新的商机和变化趋势。为此,企业需以战略管理的视角对企业进行综合的分析与评价,即将企业作为一个整体对其价值进行全面的评价。当前,战略管理视域下的企业综合分析方法主要有两种,即经济增加值法(EVA)与平衡计分卡(BSC)。

一、经济增加值的含义

传统的业绩评价体系如净资产收益率(Return on Equity,简称 ROE)只关注了企业内部经营绩效的高低。当今信息化时代背景下,全球竞争日趋激烈,金融工具日趋多样化,企业必须以战略管理的高度全面审视其所面临的外部经营环境及顾客需求等外部因素。因此,经济增加值法(EVA)日益体现出了其优势。

经济增加值(Economic Value-Added,简称 EVA)是由美国斯腾思特管理咨询公司(Stern-Stewart)于1989年推出的新方法,其定义为企业调整后的税后净营业利润减去企业资本成本后的余额,即企业在扣除了为产生利润而投资的资本成本后所剩下的利润。经济增加值用公式表示为

经济增加值=调整后的税后净营业利润-资本成本
　　　　　=调整后的税后净营业利润-总资本×加权平均资本成本　　　(7.1)

从公式(7.1)中可见,经济增加值表达的理念是:投入企业中的资本所带来的回报超出其所投入的资金时,企业价值才会得到增加,企业所有者的财富才会增加。经济增加值颠覆了之前的以利润考核为核心的管理理念,能够更好地将企业的资本成本与其价值变化联系起来,促使企业由利润管理为中心转变为以价值管理为中心,促进企业整体价值的提升,有利于企业在复杂的经济环境中更具有竞争力。因此,学者们认为经济增加值不但是一种全新理念下的业绩评价方法,而且是一种具有战略管理功能的以股东价值创造为使命的经营管理工具。

自美国斯腾思特公司推出经济增加值方法起，世界上众多的公司如可口可乐、西门子等使用了此方法进行公司的管理与考核。我国从 2010 年起，国务院国有资产监督管理委员会对 100 余家中央企业均采用经济增加值进行绩效评价。

二、经济增加值的计算

要正确地计算经济增加值，关键是正确计算税后净营业利润和资本成本。如前所述，经济增加值的计算公式如下：

经济增加值 = 调整后的税后净营业利润 − 资本成本
= 调整后的税后净营业利润 − 总资本 × 加权平均资本成本

因此，根据公式可知，经济增加值的计算需要确定两个项目，其一是调整后的税后净营业利润，其二是资本成本。

(一) 调整后的税后净营业利润的确定

税后净营业利润是指在保持目前资本结构的前提下公司所获得的税后净利润，是所有资本的税后投资收益。

$$\text{税后净营业利润} = \text{税后净利润} + \text{利息支出} \quad (7.2)$$

基于谨慎性原则，此项目要对会计提供的数据结合具体情况进行诸多调整。从而使这些会计要素更能体现出企业的持续经营能力以及长期的价值创造能力，展现出其真实的经济利润。因为目前的会计准则将相当多的项目作为本期费用处理而列示于利润表上；但是这些项目从股东的角度来看，是在未来能够为股东创造价值的项目，应当看作是投资而非费用，以资产项目列示于资产负债表上更为合适。斯腾思特公司对税后净营业利润的建议调整项目有 160 多条，包括存货成本、税收、无形资产、重组费用等，在这 100 多条调整项目中，最常见的调整项目包括如下内容。

1. 研究与开发费用

现行的会计制度规定，企业的研究与开发费用应根据其具体情况决定是将其资本化还是费用化。根据会计制度规定，费用化的研究与开发支出计入利润表；但是从 EVA 计算体系而言，费用化的研发支出是为了提升企业价值而进行的长期性投资，因此在计算经济增加值时应将其调整至资产负债表中予以列示，并在预估的年限内进行摊销。

2. 广告与促销费用

与上述研究与开发费用类似，此项目依据相关会计制度规定列示于利润表，并抵减当期利润。但是，从 EVA 计算体系视角看，广告与促销费用的发生是为企业长期价值的获得而进行的前期投资。因此，在计算经济增加值时应作为调整项目，将其作为投资项目列示于资产负债表中，以真实地反映此项目的本质。

3. 坏账准备

目前，我国在会计准则中允许企业计提坏账等减值准备。从会计准则的角度看，计提减值准备是基于稳健性原则所进行的会计确认与计量，防止高估相关资产的价值。然而，从经济增加值计算体系看，所计提的减值准备过高或过低，均会扭曲当期的收益信息，因此需要对这个项目进行调整，列出本年度的实际支出，以真实地反映企业长期价值。

除上述三个调整项目外，类似的调整项目在计算经济增加值时均应予以考虑。

(二)资本成本的确定

不同企业所面临的风险不同,导致其所用的资本成本高低不同;企业的资本结构不同,其综合资本成本亦高低不同。资本成本受资本总额及加权平均资本成本两个因素的影响。以下将对这两个影响因素进行介绍。

1. 资本总额

资本总额是指企业所获得的全部资金的账面价值,包括债务资本及所有者权益资本两部分。债务资本形成企业的负债,包括短期负债和长期负债。所有者权益资本是企业资产减去负债后的净剩余,包括实收资本、资本公积、盈余公积及未分配利润四个项目。实务中,资本总额数值可根据实际情况选择用期末数或者期初与期末数的平均值。

2. 加权平均资本成本

加权平均资本成本的计算是由于企业采用了多种筹资方式来筹集资金,因此需要计算企业全部资金的总成本,即加权平均资本成本。加权平均资本成本是以各种资本成本占全部资本的比重为权重,对每种资本成本进行加权平均所确定的综合资本成本。加权平均资本成本的计算公式为

$$K_w = \sum_{j=1}^{n} K_j W_j \tag{7.3}$$

上式(7.3)中,K_w 为加权平均资本成本;K_j 为第 j 种筹资方式个别资本成本;W_j 为第 j 种个别资本成本占全部资本成本的比重。

综上可见,经济增加值综合考虑了投入资本规模收益率及其综合资本成本,即投入与产出的效率关系。依据经济增加值的理念,只有当企业的资本收益高于其所投入的资本成本时,股东才会真正有利可图并创造了新的收益。因此,经济增加值是一种较为全面的综合评价企业财务绩效的方法。

例7.1 甲公司是一家处于成长阶段的上市公司,无优先股,正在对上年的业绩进行计量和评价,有关资料如下所示。

(1)权益净利率为19%,税后利息率为6%。

(2)平均总资产为1 500万元,平均金融资产为2 000万元,平均经营负债为500万元,平均股东权益为7 500万元。

(3)董事会对甲公司要求的权益净利率为15%,要求的税前净负债成本为10%。

(4)目前资本市场上等风险投资的股权成本为12%,税前净负债成本为10%。

(5)适用的企业所得税税率为25%。

根据上述资料,计算甲公司的经济增加值。

具体计算过程如下所示。

平均净负债=平均净经营资产−平均股东权益=(15 000−2 000−500)−7 500=5 000(万元)

税后利息=净负债×税后利息率=5 000×6%=300(万元)

净利润=平均股东权益×权益净利率=7 500×19%=1 425(万元)

税后净营业+利润=净利润+税后利息=1 425+300=1 725(万元)

平均净营业资产=5 000+7 500=12 500(万元)

平均净负债的比重 = 5 000/12 500 = 0.4
平均股东权益比重 = 1−0.4 = 0.6
加权平均资本 = 15%×0.6+10%×(1−25%)×0.4 = 12%
市场基础的加权平均资本成本 = 12%×0.6+10%×(1−25%)×0.4 = 10.2%
经济增加值 = 1 725−12 500×10.2% = 450(万元)

可见，甲公司的经济增加值为 450 万元，说明甲公司的公司价值得到了提升。

三、经济增加值法的特点及应用现状

经济增加值法本质上而言，是战略管理理念下的一种较为新颖的评价方法。全面了解其特点及当前的应用现状，有助于更好地利用这一工具为经济管理服务。

（一）经济增加值法的特点

经济增加值法的特点体现在如下三个方面。

1. 经济增加值法充分体现了"股东价值最大化"理念并使之实践化

"股东价值最大化"是国内外上市公司一直推崇的财务管理目标。相比于之前注重规模及利润指标的传统考核方法，经济增加值法的最大优点在于将资本成本理念融入考核评价方法中，以企业创造的经济价值是否超过投入的资本成本作为衡量经营成功与否的标准，从而充分体现了"股东价值最大化"的理念。

2. 经济增加值法是一种有效的管理体系

经济增加值法不仅是一种综合财务分析方法，更是将考评具体运用于工作的每个关键环节的一种有效的管理体系。经济增加值法的运用要求企业必须采用其所有的组成部分，形成一套行之有效的财务管理框架，从公司董事会到各个基层组织，均须按照经济增加值法的步骤及规则予以执行。从执行内容上看，既包括战略规划，又包括运行计划以及企业资源的合理配置等。这些规划及计划均需要各个部门的紧密配合及有效管理，以共同推进经济增加值法的实施。

3. 经济增加值法是一种较为独特的激励机制

经济增加值法不仅是一种综合性的财务分析方法和管理体系，同时也是一种较为独特的激励机制。经济增加值法发挥激励机制的关键因素在于其使用了一个"准所有者"的概念并对其加以实施，即将经理人转变为准所有者，促使经理人的业绩目标与股东的利益保持一致，以避免传统的奖金计划所导致的经理人短期盈余操控行为。并且，经济增加值法的本质特征是考虑了资本成本，所以它只对超过资本成本的增加值部分进行奖励，从而将经理人的利益与为股东创造财富的行为紧密地联系起来，从而真正地发挥了激励机制。

（二）经济增加值法的应用现状

从斯腾斯特管理咨询公司推出经济增加值法至今，国际上已有 400 多家知名公司如可口可乐、索尼、西门子等使用该方法，受到了理论界及实务界的广泛关注。

我国从 2001 年起引入经济增加值法，在我国的企业尤其是上市公司中推广并实施，其中包括 Q 公司、东风汽车等知名公司。我国国务院国有资产监督管理委员会在修订后

的《中央企业负责人经营业绩考核暂行办法》中规定,从2010年1月1日起,对所有的中央企业采用经济增加值进行考核,开启了与传统利润业绩考核完全不同的新里程,目的是凸显对中央企业资本使用效率的考核。

不容忽视的事实是,尽管经济增加值法在我国已应用10余年,但是成功实施该方法的案例并不多见。因此,对于经济增加值法如何成功地应用于实践,是一个值得深入探索的问题。

四、经济增加值作为业绩评价指标的优点及缺点

经济增加值法较之前单个分析企业某一方面财务绩效能力工具的而言,其全面评价企业财务绩效的优势是显而易见的。同时,任何一种管理工具或管理方法,亦有其不足或弊端。在充分把握其优缺点的基础上,将经济增加值应用于实践中,以更好地发挥其管理职能。

(一)经济增加值指标的优点

经济增加值考虑了所有资本的成本,实现了企业利益、经营者利益和员工利益的统一,引导企业注重长期价值创造;经济增加值不仅是一种业绩评价指标,还是一种全面财务管理和薪酬激励体制的框架。在经济增加值的框架下,公司可以向投资人宣传他们的目标和成就,投资人也可以用经济增加值选择最有前景的公司;经济增加值是股票分析家手中的一个强有力的工具。

(二)经济增加值指标的缺点

经济增加值指标的缺点在于:第一,该指标无法对企业的营运效率与效果进行综合评价;第二,指标计算较为复杂,且需经过若干项目的调整才能进行计算;第三,经济增加值是绝对数,不具有比较不同规模公司业绩的能力;第四,经济增加值也有许多和投资报酬率一样误导使用人的缺点,如成长阶段公司经济增加值较少,衰退阶段经济增加值可能很高;第五,在计算经济增加值时,对于净收益应做哪些调整及资本成本的确定等,尚存在许多争议,只能在公司的历史分析和内部评价中使用。

尽管经济增加值指标存在上述诸多缺点,但是从战略管理的角度看,该方法是一种比之前的财务报表分析方法更为科学的方法。

第二节 平衡计分卡

一、平衡计分卡产生的背景

任何一种方法的产生,都是对之前诸多方法的扬弃,平衡计分卡同样如此,其产生及发展是源于传统业绩评价模式存在的诸多缺陷。另外,企业的生产经营活动出现了新的特征,也需要对传统的财务绩效评价模式进行重新审视。

(一)传统业绩评价模式存在诸多缺陷

传统的业绩评价模式对企业进行业绩评价时存在着诸多缺陷,导致企业各利益相关

者不能全面客观地评价企业的实际业绩,具体体现在如下方面。

1. 不能对以无形资产为主的企业进行真实的业绩评价

之前的工业经济时期,企业获得财务业绩主要依靠厂房、机器设备等有形资产,以及大批量的专业化生产,物资资本在其中起着重要的作用。企业管理的重心是以"物"为主的物质资本管理,侧重于企业内部的生产经营方面,通过加强内部经营管理,以提高企业自身的经营效果。与此相对应,对企业进行考评时主要以利润等财务指标为核心,对其财务绩效进行评价。

随着科学技术的发展以及知识经济时代的到来,企业内外部的生产经营条件均发生了巨大的变化,其生产运营所需资产逐步从有形资产向无形资产及智力资本倾斜,所生产的产品及所提供的服务越来越倚重于专利权、商标权、商誉等无形资产以及具有创新性的人力资本。因此,企业由之前的物本管理向人本管理转变。技术信息时代的到来,意味着企业可以充分利用互联网等技术平台实现更快捷的运营模式,能够及时获得顾客的各种反馈信息,也能实时评估潜在的客户需求。人力资本是当今经济社会的重要推动力量,是技术创新的主体,企业获得竞争优势的来源本质上是人力资本的竞争。

可见,传统的业绩评价模式对之前的工业经济时代的企业进行评价是适合的;但当企业的内外部环境及企业自身的运营发生巨大变化时,之前的业绩评价模式会逐渐暴露出其弊端,应随着需求同步发生变化,以对企业进行真实的业绩评价。

2. 不能全面地反映企业价值创造的各因素

传统的企业大多以制造业为主,企业获得利润的源泉绝大部分依赖于其自身,通过努力扩大销售获得收入以及严格管控成本以使利润最大化。此时对企业的业绩考评以利润指标为核心,不涉及非财务指标。

现代技术及知识经济社会,企业组织结构发生了巨大变化,逐步出现了扁平化组织、虚拟组织,其生产经营内容也越来越多元化,从传统的制造业急速地向服务业等第三产业延伸。企业的财务管理目标不再局限于利润最大化,而是以企业价值最大化为核心目标。而企业价值创造的来源随着企业组织结构的巨变及生产经营内容的不同而拓展至企业之外,即企业价值的源泉不仅包括企业内部的生产经营及管理水平,其外部因素诸如顾客方面的忠诚度、企业上下游管理、企业后续的创新与成长等非财务指标均对企业价值的提升起着重要的作用。因此,在进行企业业绩考评及综合财务分析时,如果只针对企业内部的财务绩效进行考评,就不能全面地反映企业价值创造的各因素。

3. 传统的绩效评价模式只注重对企业财务绩效的考核

传统的业绩评价模式是以利润最大化为管理的目标,因此注重对企业财务绩效的考核,所用指标或指标体系均为财务指标。

然而,现代意义上的企业由于生产经营的多元化及其所面临环境的复杂性,使得对企业的业绩评价不再只奉行财务指标为唯一衡量标准,应该把对企业有重大影响的诸如市场占有率、顾客忠诚度、创新与学习等非财务指标也包含进来,这些非财务指标对企业生产经营活动有着更为深远的影响,忽视这些非财务指标,对企业的绩效评价便是不全面的,也不能充分反映企业的综合绩效及企业的各价值提升因素。

(二)企业的生产经营出现了新特征

企业的生产经营活动出现了新的特征,迫使企业重新审视传统的业绩分析与评价模式;这些特征包括如下几个方面。

1. 需要以战略的角度重视企业的上下游价值链

传统制造业企业的生产经营模式是先采购原材料,再加工形成产成品,最后努力将商品销售出去以获得利润。在该种生产经营模式下,产成品同质化是重要特征;销售环节是关键,负责销售的人员需要尽力将产品销售出去。因此,此种生产经营模式下对企业的考核重在收入及利润指标。

但是在现代经济社会,企业的生产经营模式发生了逆转,企业生产经营模式的起点是顾客的订单需求,之后根据订单需求组织生产经营,而生产经营活动则需要上游原材料供应商的实时支持。由此可见,在此种生产经营模式下,企业必须应顾客的需求提供差异化的产品以满足个性化的需求,企业的战略一般是差异化创新性的战略,以使其在激烈的竞争中不断获得推陈出新的优势。因此,现代经济社会中的企业必须以战略的视角重视其上下游价值链,而不能仅关注企业内部。契合于这种生产经营模式,对企业的考评不应仅仅包括企业内部的财务绩效指标,还应将对企业价值提升有重要影响的非财务指标如顾客方面、上游原材料供应商方面、企业的创新能力方面都包含进来,以使对企业的考评更为全面和真实。

2. 企业创新能力在企业战略性竞争中成为重要因素

当前,无论是制造业企业还是服务行业企业,其在战略性竞争中不断获得优势的关键因素即是创新能力的拼比。

创新是经济发展和社会进步的不竭动力。企业的创新能使其产品不断推陈出新,不断形成差异化竞争优势,也能使企业的产品在更新迭代的过程中日益完善其功能。理论研究领域中,创新自约瑟夫·熊彼特以来已成为各专业领域学者们研究探讨的重要内容,其理论得到了后续学者们的大量拓展。实践中,众多的社会实践家已意识到创新能力对企业价值提升的重要作用,相当多的企业做强、做大依靠的即是大量的研究开发投入和专利申请数量不断攀升,这些都彰显了创新能力对当今企业价值提升的重要性。

因此,企业的创新能力在企业的战略性竞争中是重要的推动力。

3. 企业员工的后续培训及学习发挥着日益重要的作用

如前所述,创新是企业价值提升的关键,是经济发展和社会进步的不竭动力;而创新的主体是员工,它们是人力资本的重要主体。

在企业的日常经营管理中,生产一线员工的后续培训至关重要,他们熟悉生产过程,了解生产经营的每一道工序,在企业的后续生产经营优化过程中能够提出诸多合理化建议,对企业后续的价值提升发挥重要的作用。现代企业生产经营中越来越重视研发团队,一般研发团队由高学历高素质的人力资本组成,其智力研究工作是创新能力的最重要源泉,企业产品得到不断的创新与更新换代,才不至于在激烈的市场竞争中被兼并或被淘汰。

由此可见,作为创新能力重要载体的企业员工,其后续的培训与学习状况是企业必须关注的重点,不断提升企业员工的后期学习,是在对企业进行综合绩效评价时必须考虑的方面之一。

二、平衡计分卡的基本内容

平衡计分卡（Balanced Score Card，简称 BSC），是一个具有战略意图的多维度的企业综合绩效分析方法，包括财务、客户、内部经营过程及学习与成长四个方面。这一分析方法可将四个方面的战略目标转化为清晰的四方面的评价指标，由此形成了各具体目标，从而形成具体的行动计划。

平衡计分卡四个方面的内容不是彼此孤立的，而是具有显著的因果关系的。企业的绩效考评尽管是多方面的，但是大多的绩效均可通过财务绩效体现出来，因此，平衡计分卡的四项基本内容中，财务方面是核心和基本内容。采用追因溯源的方法可推知：企业要想获得财务方面的绩效，必须提升售后服务，建立与顾客良好的客户关系，使客户满意度不断提升。从这两方面来看，平衡计分卡的财务方面是"果"，客户方面是"因"。提升客户的满意度，维持顾客的忠诚度，就需要不断提升产品质量，降低运营成本，因此需要充分关注企业的内部经营过程，它是推动和提升客户满意度的动因。可见，平衡计分卡中的内部经营过程方面与客户方面亦形成因与果的关系。企业要想提升内部经营过程，关键在于提升从事各个岗位的人力资本即员工。这些员工技能的提升、员工的忠诚度以及员工的创新能力等均是提升企业内部经营过程的重要来源。因此，员工的学习与成长方面是前述内部经营过程方面的因，二者之间形成因与果的关系。

综上可见，平衡计分卡的四个方面存在着显著的因果关系，具体如图 7.1 所示。

三、平衡计分卡各基本内容指标的选择及设计

对企业财务绩效进行评价，一般是采用各财务指标对其进行衡量。平衡计分卡四个方面的内容（即财务、客户、内部经营过程及学习与成长）也需要设计、选择相应的指标对其进行衡量和评价。

（一）财务方面指标的选择及设计

企业财务方面的指标在平衡计分卡的四项内容中最具有综合性和典型性，其他三项内容的执行效果均可通过财务方面体现出来。因此该方面指标的选择及设计至关重要。依据企业生命周期理论，企业的生存及发展要经历初创期、成长期、成熟期及衰退期四个阶段，每一阶段中企业表现出来的财务特征均有显著差异。因此，有必要按照企业所处的不同生命周期阶段选择并设计财务方面的指标。

1. 企业初创期阶段财务指标的选择及设计

企业在初创阶段，所有的前期投入用于企业的正常运营，基本上没有盈利甚至利润数字为负数，因此在这一阶段尽管要考核企业的最终财务业绩即利润，但显然加大资金投入、提高销售利润率是此阶段更为重要的战略目标。因此，企业在初创期阶段应选择研发投入指标、销售利润率指标等指标进行衡量。

2. 企业成长期阶段财务指标的选择及设计

成长期阶段的企业极具生命力，体现出巨大的增长潜力。要开发这一潜力会动用大量的人力、物力及财力扩大生产经营，从战略定位上抢占市场份额。从财务特征上看，无

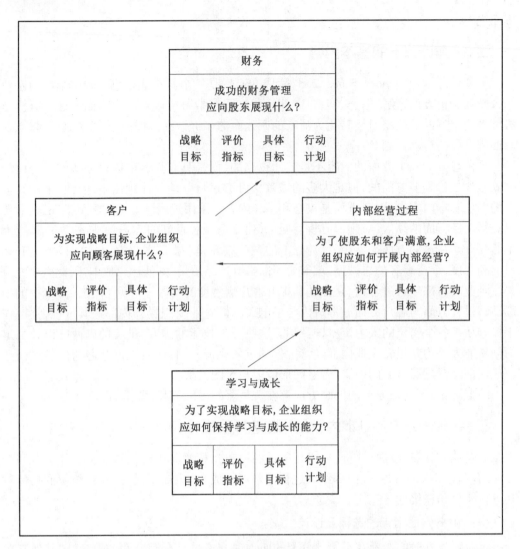

图 7.1 平衡计分卡的基本内容及相互关系图

论是销售收入还是所耗费的成本费用,均处于急速膨胀期。因此,这一阶段进行业绩分析与评价的财务指标要选择最能凸显财务业绩的销售增长率、销售毛利率及投资报酬率等。

3. 企业成熟期阶段财务指标的选择及设计

进入成熟期的企业,已经在行业中占据稳定的市场份额,生产经营及规模相对比较稳定,能够获得稳定而丰厚的利润。此阶段衡量企业财务绩效的指标主要选择投资报酬率、经济增加值、净资产收益率等。此外,为评价成熟期企业的盈利质量高低,还应关注同期的现金流量情况,所用财务指标可考虑净资产现金回收率等指标。

4. 企业衰退期阶段财务指标的选择及设计

处于衰退期的企业,所生产的产品或所提供的服务在市场上需求量不大,销售业务处于明显的下滑或萎缩阶段,销售收入呈下降趋势,利润数字同步下滑。此阶段所采用的财务指标依然是与盈利能力相关的财务指标,如销售利润率等。

综上可见,反映企业财务方面的核心指标一般是销售净利率、投资报酬率、经济增加值、销售增长率、成本费用降低率等指标。

(二)客户方面指标的选择及设计

1. 客户方面指标的重要性

信息化社会中,企业的竞争日益激烈,既需要保持相对竞争优势以获得稳定的盈利能力,又需要充分关注企业的下游客户端。价值链理论认为,企业整体价值的提升需要其上下游共同协作,因而客户方面是企业战略性竞争不容忽视的方面。

理论研究方面,哈佛大学的一份调查报告表明:通常在企业生产经营的 5 年之内,企业会失去一半的既有客户;而要获得一位新客户,其成本是留住一位老客户成本的 5 倍之多;有的企业其 20% 的客户会产生 80% 的利润。

可见,企业的客户对企业价值的提升有着重要的意义,在对企业进行综合分析时必须将此方面纳入到分析体系中来以全面评价企业的业绩。

2. 客户方面指标的选择

根据上述论述,企业在客户方面应选择客户忠诚度、新客户获得率、客户满意度、客户获利能力、客户所占市场份额等非财务指标进行业绩衡量。

客户忠诚度指标,是对既有老客户保留率的衡量。无论从保留老客户的成本而言,还是从其他方面而言,保留既有的老客户是成功企业的通行做法。通过保持老客户的忠诚度,能够在维持既有市场份额的基础上再扩大市场份额,是保持相对竞争优势的基础。

新客户获得率指标,是用来衡量企业获得新客户的指标,可用新客户的数量与原有老客户的数量之比表示。企业要想扩大市场份额并在战略性竞争中获得持续优势,就需要不断赢得新客户的认可,因此该指标在平衡计分卡的客户方面是一项重要的指标。

客户满意度指标,是为了留住老客户及获得潜在的新客户而设计的指标,用来衡量既有客户对企业所销售的产品或所提供的服务等的整体满意程度。研究表明,只有当企业所销售的产品或所提供的服务让客户完全满意时,客户才有可能继续维持其对企业的忠诚度。为了得到这一指标,企业可通过电询、信函、实地访查等方式获得相关的信息。

客户获利能力指标,是指企业从某一位客户或某一客户群体那里所获得利润的能力,通常用企业从某一位客户或某一客户群体那里所获得的利润与相对应的销售收入之比来衡量。某类客户的获利能力对企业的发展而言是比较重要的一项指标,因为获得利润,才能为企业的生存及进一步发展奠定基础。为了获得这项指标,就需要按照一定的标准将企业所有的客户进行分类,识别出获利能力较强的那类客户。实践中,一些企业参照此项指标对客户进行了识别,放弃了获利能力较差的客户群体,最终提升了企业的整体业绩。

客户所占市场份额指标,是企业经常采用的指标,用来衡量企业的客户在整个行业中所占的市场份额。该指标越高,说明企业的竞争力越强,其所获利润的能力亦越强。

综上可知,客户方面在企业的综合分析中是不可或缺的部分。客户方面的各指标之间亦存在着紧密的内在联系。

(三)内部经营过程方面指标的选择及设计

1. 内部经营过程方面指标的重要性

为内部经营过程制定目标和评估手段是平衡计分卡与其他传统分析方法相比最显著

区别之一,内部经营过程是指将开发的产品或服务生产出来并交付给顾客的过程。从战略角度将企业视为一个整体,对整个生产经营过程进行衡量与改进,以期实现企业的长远财务目标。可见,这种指标对于现代企业而言,是不可或缺的重要方面,在对企业进行综合分析时必须纳入整体的观念,以克服传统指标的短期效应以及相应的短视行为。

内部经营过程是将企业视为一个整体,企业的每一项生产经营活动都可视为价值创造的一部分;企业这些相对独立而又互相有联系的生产经营活动是一个动态的过程,是为创造价值服务的,因此属于一个企业价值链创造的过程,一般称其为内部经营价值链。此方面与传统的业绩评价观念具有显著的区别。

2. 内部经营过程方面指标的选择及设计

以价值链的视角评价内部经营过程可知,它要实现的是企业经营活动的整体最优化而非局部最优;安排生产经营活动及对企业进行综合分析时,必须以战略的视角从整体上进行。鉴于此,内部经营过程通常分为创新过程、经营过程及售后服务过程三个方面分别对企业的生产前、生产中及生产后进行综合分析。

(1)创新过程。

创新过程是企业生产经营前的活动,包括确定市场、寻找目标客户、开发新产品。当前全球化经济浪潮中,企业加快创新步伐,才能获得持续不断的竞争优势并形成核心竞争力,因此,创新过程对企业而言是至关重要的。国内外一些具有竞争优势的企业往往支持大量的研发投入。欧盟委员会公布的《2018年欧盟工业研发投资排名》对全球46个国家和地区的2 500家主要企业进行了研发投入的排名,我国有438家公司榜上有名,其中华为以113亿欧元的研发投入雄踞中国所有公司榜首,世界排名则是第五。创新过程经常采用的衡量指标包括新产品销售额占全部销售额的比重、开发新一代产品所花费的时间及保本时间(从研发某一新产品开始,到其投放至市场后获得的相当于研发成本的利润额所占用的时间)等。

(2)经营过程。

经营过程是指把已经开发的产品和服务生产出来并及时提供给客户。经营过程一般而言是从生产效率上设置目标的,包括产品的生产成本、产品的质量及产品生产所占用的时间等。因此,一般认为须从成本、质量及时间三个方面分别设置指标进行衡量。

首先,成本方面,传统的财务会计所计算的生产成本难以准确反映经营过程在降低成本方面的业绩。以战略的视角衡量企业经营过程的成本,需以经营活动为对象,将创新活动与经营活动所产生的成本区分开来。因此,一般采用单位生产成本指标对成本方面进行衡量,能够反映出企业在降低成本方面的业绩。

其次,质量方面,是为企业所生产的产品或所提供服务的质量保障。常用的衡量指标为合格品率和返工率。合格品率,顾名思义,是企业所生产的某一批次产品的合格品所占的比率。返工率是指各工序不良缺点总数在产品总产量中所占的比重。现有的研究表明,单纯地使用合格品率并不能完全保证产品的质量;合格品率与返工率相结合使用,才能够总体上保障产品的质量并对其全面衡量。

最后,时间方面,是指向特定的客户提供产品及服务时所需要的反映时间,即从客户发出订单至接收到货物的时间。时间方面是非常重要的衡量指标,企业在激烈的竞争中要靠交货是否及时以及对订单的及时反映度获得竞争优势。现代企业管理中的实时制（Just in Time，简称 JIT），以及管理存货的 ABC 管理制度等，均是时间方面的管理措施。衡量时间方面的指标一般以周期进行衡量，如生产周期、完成订单的周期，等。

(3) 售后服务过程。

售后服务过程是指企业提供售后服务，满足客户需求的过程。借鉴前述经营过程，可从质量、时间、成本等方面设立指标对售后服务过程进行衡量。售后服务质量方面的指标主要用于衡量售后服务一次性成本的比例；售后服务成本主要指企业在提供售后服务过程中所花费的人力和物力方面的成本；售后服务时间则是指从接到客户售后服务请求开始到客户请求得到满足为止所占用消耗的时间。通过质量、时间及成本等方面指标的设置可以对售后服务过程进行全面的衡量，同时亦起到质量监督的作用。

(四) 学习与成长方面指标的选择及设计

1. 学习与成长方面指标的重要性

学习与成长是指企业对其人力资本的投入，目的是提升内部职员的学习能力，为提升企业价值进行人力资本的储备。

学习与成长方面是平衡计分卡的重要组成部分，它能够说明企业价值提升的真正源泉，是企业综合业绩提升的源动力。一个企业想要获得持续的竞争优势以及良好的财务绩效，必须依靠各层面的职员即人力资本共同努力。企业内部职员的努力又需要其自身不断地学习与成长，提升业务技能与综合素质，这些又需要企业不断地对内部职员进行技能培训。

可见，企业内部职员的技能提升与企业的创新息息相关，企业创新又是企业价值提升的不竭动力；学习与成长方面是平衡计分卡重要的组成部分，通过此项目的分析，可以综合评价企业人员的发展状况，促进企业整体价值的提升。

2. 学习与成长方面指标的选择及设计

学习与成长方面的指标，一般而言是从三个方面进行衡量的：雇员的能力、企业的信息系统及雇员的积极性。

(1) 雇员的能力。

雇员的能力是学习与成长方面的核心内容。此处所指的"雇员"不仅包括参与决策的各级行政管理人员，同时也包括生产一线人员。全体成员强劲的学习能力与后续成长能力，是企业效率提升的关键。雇员能力方面的衡量指标一般选择雇员的满意度、雇员的保持率、雇员的工作效率、雇员的培训次数等。其中，雇员的满意度可以用综合打分的方式获得，以测评对企业的满意程度；雇员的保持率是对雇员忠诚度的一种衡量，是保留雇员的指标度量标准，这在频频"跳槽"的社会中尤其重要，以避免各类人才的流失及商业机密的泄露；雇员的工作效率是对雇员的劳动生产效能大小的衡量，既对雇员自身有利，也对企业价值产生积极影响，同时也能侧面印证雇员的培训效果；雇员的培训次数是对企业对雇员这种人力资本投入的衡量，因为人力资本是企业价值提升与技术创新的重要源泉，对人力资本投入得越多，其对企业价值贡献的潜力越大。

(2) 企业的信息系统。

企业的信息系统是评价企业向雇员覆盖信息的范围及程度的指标，用以满足雇员对各方面信息的需求,如企业内部生产经营过程的信息、客户方面的信息等。企业信息系统的覆盖面越广泛,职工获得期望的信息越便捷,则企业价值的提升速度越快速。实务中,一般是采用信息覆盖率、获得信息系统的途径、雇员获得相关信息的便捷程度等指标进行细化衡量。比如美国的 Metro 银行采用了"策略性信息提供比率"来衡量企业的信息系统。

(3)雇员的积极性。

雇员的积极性是企业创造利润的重要推动力,直接关乎企业价值的最大化程度。具有相对竞争优势的企业大都拥有积极性很高的员工团队,能为企业的发展贡献最大的价值。实务中,一般用雇员所提的合理化建议数量、企业所采纳的合理化建议数量等指标进行衡量。

综上可见,平衡计分卡由四项基本内容构成,每项基本内容均是分析企业综合业绩不可或缺的部分。与传统分析方法相比而言,考虑的内容更为全面,更具有战略性思维。

四、平衡计分卡的特点

从上述内容可知,平衡计分卡有着如下几方面的特点。

(一)以价值链为理论基础具有全面性

平衡计分卡与传统分析方法的不同之处在于:该方法是以价值链为理论基础进行构建的。

平衡计分卡以价值链理论为基础,在对企业进行分析时,不仅仅局限于对企业自身进行分析,企业的上游供应商、下游客户、企业自身均属于企业创造价值的重要环节,在进行综合分析时均以战略视角纳入此方法中进行分析。传统的财务分析仅仅局限于企业自身的经营状况,企业整体价值的创造过程没有体现出来。因此,以价值链理论为基础构建平衡计分卡,是该种方法的首要特点。

(二)能够实现诸多方面的平衡

平衡计分卡的几个特点之一,便是实现了诸多方面的平衡,包括财务指标与非财务指标的平衡;短期指标与长期指标的平衡;外部指标与内部指标的平衡;原因指标与结果指标的平衡等。

具体而言,第一,平衡计分卡较之于传统的分析方法而言,改进之处即是在保持原来财务指标衡量作用的基础上,融入了相当一部分非财务指标,这些非财务指标是战略管理视域下综合衡量企业业绩不可或缺的部分,比如员工满意度、产品市场占有率、顾客忠诚度等。非财务指标与财务指标结合在一起,能更加全面地综合地反映企业的业绩。第二,传统的财务指标在评价企业业绩时侧重于其短期绩效,因此导致的企业管理层短视行为饱受诟病;以战略管理的视域对企业进行分析评价时,必须长远地对企业进行综合性的分析;显然,短期的财务指标难以满足此方面的要求,融入员工培训次数、顾客满意度等长期指标既是一种改进又是一种必然。第三,传统的企业财务指标侧重于对企业内部进行分析和评价,这与当时企业所处的环境是相契合的;现代企业外部竞争环境激烈,互联网的应用及科学技术的飞速发展使得企业时刻面临着巨变,因此,企业必须时刻关注其外部的发展变化,在对企业进行分析评价时融入顾客满意度等外部指标是必需。第四,传统财务指标分析时几个方面是割裂的,未能体现出各方面的联系;平衡计分卡的四方面内容存在着因果平衡关系,能够以价值链为理论基础将企业价值创造的因果关系分析出来。

可见,平衡计分卡能够实现诸多方面的平衡,满足企业战略管理的需要。

(三)以战略管理为导向的综合分析思维

平衡计分卡自产生之后,在全球的众多知名公司中加以应用,足以证明其方法本身的优越性;而这种优越性源于该方法以战略管理为导向的综合分析思维。

平衡计分卡之前的诸多分析方法均有一个不足之处,即仅采用短期的财务指标对企业进行分析和评价,其后果就是容易造成企业管理层的短视经营行为。如今的企业在互联网及高新技术的环境中竞争日趋激烈,只有以长远的战略观念布局企业的生产经营活动才能获得持续的竞争优势。在平衡计分卡这种综合分析方法体系中,不但要对企业的财务方面进行分析,而且要以战略的视角对企业的顾客、员工等有利于提升企业价值的方面进行综合分析,使得这种分析方法更具有战略管理思维,体现出与之前方法的不同。

(四)平衡计分卡的各项内容具有因果关系

平衡计分卡四个方面的内容并非完全独立的,各项内容具有一定的因果关系,能够系统地体现战略观念。平衡计分卡四个方面的因果关系如图 7.2 所示。

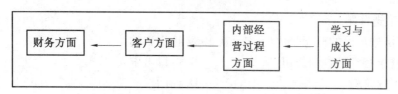

图 7.2　平衡计分卡的基本内容及相互关系图

在平衡计分卡的四个方面中,财务方面是企业运营最直观的业绩成果,因此对企业进行综合分析时,财务方面始终是核心。财务方面业绩的高低取决于客户方面,比如客户满意度、客户忠诚度以及客户保持率等。只有当客户对企业所生产的产品或所提供的服务满意时,企业的销售收入才会有所提升,财务方面的各项指标也均会得到提升。可见,财务方面是"果",客户方面是"因"。根据上述思路可知,客户方面的提升又取决于企业内部经营过程(如产品质量、成本控制)的改善和控制。因此,客户方面是"果",内部经营过程是"因"。而内部经营过程的改善又取决于人的积极性与创造性,即员工不断创新的能力等因素。可见,上述两者之间,内部经营过程方面是"果",学习与成长方面是"因"。

目前,平衡计分卡在国际上得到了广泛的重视和应用。

本章小结

经济增加值是由美国斯腾思特管理咨询公司(Stern-Stewart)于 1989 年推出的新方法,其定义为是企业调整之后的税后净营业利润减去企业资本成本后的余额,即企业在扣除了为产生利润而投资的资本成本后所剩下的利润。

经济增加值表达的理念是:投入企业中的资本所带来的回报超出其所投入的资金时,企业价值才会得到增加,企业所有者的财富才会增加;它颠覆了之前的以利润考核为核心的管理理念,能够更好地将企业的资本成本与其价值变化联系起来,促使企业由利润管理为中心转变为以价值管理为中心,促进企业整体价值的提升,有利于企业在复杂的经济环境中更具有竞争力。因此,学者们认为经济增加值不但是一种全新理念下的业绩评价方法,而且是一种具有战略管理功能的以股东价值创造为使命的经营管理工具。

平衡计分卡(Balanced Score Card,简称BSC),是一个具有战略意图的多维度的企业综合绩效分析方法,包括财务、客户、内部经营过程及学习与成长四个方面。这一分析方法可将四个方面的战略目标转化为清晰的四方面的评价指标,由此形成了各具体目标,从而形成具体的行动计划。平衡计分卡四个方面的内容不是彼此孤立的,而是具有显著的因果关系的。平衡计分卡四个方面的内容即财务方面、客户方面、内部经营过程方面以及学习与成长方面需要设计选择相应的指标对上述四个方面进行衡量和评价,每项基本内容均是分析企业综合业绩不可或缺的部分;与传统分析方法相比而言,考虑的内容更为全面,更具有战略性思维。

第七章章后习题

一、单项选择题

(1)经济增加值的概念是由(　　)在1989年提出的。
　　A.斯腾思特管理咨询公司　　　　B.可口可乐
　　C.美国邮政局　　　　　　　　　D.西门子

(2)经济增加值是企业调整后(　　)减去反映资本成本费用后的余额。
　　A.营业收入　　　　　　　　　　B.营业利润
　　C.息税前利润　　　　　　　　　D.税后净营业利润

(3)资本成本也称公司的必要报酬率或(　　)。
　　A.市场平均报酬　　　　　　　　B.公司所要求的最低报酬率
　　C.公司所要求的最高报酬率　　　D.行业平均报酬率

(4)对税后净营业利润的调整,目的是基于(　　)原则使这些会计要素更能体现出企业持续经营能力以及长期价值创造能力,展示出其真实的经济利润。
　　A.重要性原则　　　　　　　　　B.相关性原则
　　C.可比性原则　　　　　　　　　D.谨慎性原则

(5)平衡记分卡基本内容的四个方面中,内部经营过程的改善是"果",(　　)是"因"。
　　A.财务　　　　　　　　　　　　B.客户
　　C.内部经营过程　　　　　　　　D.学习与成长

(6)相对于平衡记分卡而言,传统业绩评价方法存在的诸多缺陷不包括(　　)。
　　A.不能对以无形资产为主的企业进行真实的业绩评价
　　B.不能全面地反映企业价值创造的各因素

C. 只注重对企业财务业绩的考核
D. 以战略管理为导向

二、多项选择题(备选项中至少有两个选项是正确的)

(1)在计算经济增加值,影响资本成本的因素很多,其中主要有( )。
A. 总体经济环境　　　B. 证券市场条件　　　C. 企业内部的经营和融资状况
D. 项目融资规模　　　E. 企业生产经营规模

(2)要正确的计算经济增加值,必须首先计算公司的资本成本,个别资本成本包括( )。
A. 长期借款成本　　　B. 短期借款成本　　　C. 留存收益成本
D. 普通股成本　　　　E. 债券成本

(3)计算经济增加时,对税后净营业利润的调整包括( )。
A. 研究与开发成本　　B. 广告和促销费用　　C. 员工的培训和开发费用
D. 递延税金　　　　　E. 存货准备

(4)平衡记分卡的基本内容包括( )。
A. 财务　　　　　　　B. 客户　　　　　　　C. 内部经营过程
D. 技术　　　　　　　E. 学习与成长

(5)平衡记分卡的特点包括( )。
A. 以价值链为理论基础具有全面性
B. 能够实现诸多方面的平衡
C. 以战略管理为导向的综合分析四维
D. 平衡记分卡的各项内容具有因果关系
E. 平衡记分卡的各项内容都是独立的,相互之间没有关系

(6)反映企业客户方面的核心指标包括( )。
A. 客户忠诚度　　　　B. 新客户获得率　　　C. 客户满意度
D. 客户获利能力　　　E. 市场份额

三、判断并说明理由题(在括号中以√或×表示判断结果,并在次行说明理由)

(1)EVA不仅可以衡量价值创造,也可以用于辅助企业的管理决策。( )

(2)资本成本是指公司为筹集和使用资金而付出的代价,主要是指资金占用费。( )

(3)资本总额是指企业所获得全部资金的账面价值,包括债务资本及所有者权益资本两部分。( )

(4)平衡记分卡的采用会造成企业管理层的短视经营行为。(   )

(5)平衡记分卡能够实现诸多方面的平衡,包括财务指标与非财务指标的平衡、短期指标与长期指标的平衡、外部指标与内部指标的平衡、结果与动因指标的平衡。(   )

(6)售后服务过程指标属于客户方面的指标。(   )

四、思考探究题

(1)战略视角下的企业综合分析方法有哪些?具有什么样的特征?
(2)请简述经济增加值法的定义及计算公式,并说明与之前的分析方法相比,经济增加值法的优点体现在哪里?
(3)经济增加值法为什么能够体现出企业的战略思维?
(4)请简述平衡计分卡的定义及包含的内容?
(5)请简述平衡计分卡所包含的四个方面的内容之间所存在的关系。
(6)平衡计分卡具有哪些特征?
(7)为什么平衡计分卡能够体现出企业的战略思维?
(8)与其他方法相比,平衡计分卡的优点体现在哪些方面?

五、案例分析题

案例1

平衡计分卡在电商领域业绩管理中的应用
——以 N 公司为例

1990 年成立于南京,并于 2004 年在深圳证券交易所上市交易。2012~2013 年,N 公司开始转型 O2O 模式,并在 2013 年正式更名。战略转型之后的 N 公司营业利润虽然开始是负值,但之后呈现上涨的趋势,2017 年的营业利润为 42 亿,同比增长近 500%,已经超过了 2012 年的营业利润,说明战略转型的成效已经开始凸显,2017 年的 N 公司也入选了《财富》世界 500 强,全新的 N 公司正在以一个新的资产面向世界。N 公司的发展很大程度上得益于其有效的业绩管理体系,主要从四个角度进行分析。

1. 经营成果层面

N 公司的财务指标与其战略的实施直接相关,是业绩评价的重要核心,也是企业绩效管理指标所要实现的最终目的。该公司自其成立发展以来就不断进行改革升级,开发新的经营方式与渠道,利用线上线下两个平台,充分整合资源,促进资金、资源的有效配置,扩大经营范围,并制定合理的财务战略,以净资产收益率、销售增长率、利润增长率等指标作为财务评价指标,通过引进培养优质员工,创新业务发展模式,尽可能提高效率,做到节约支出,降低成本,提升服务水平,增强客户满意程度,扩大销售规模,提高经营收入,实现企业利润最大化的目标。

2. 市场竞争层面

在整体市场中,消费者群体必然是企业经营收入最重要来源,是企业财务目标得以实现的重要因素,因此客户方面的绩效评价指标在企业经营发展中占据着举足轻重的地位。N公司在经营过程中始终把更好地满足消费者的需求作为经营目标之一,主要体现在以下方面:一是进行市场细分,线下实体店和线上电商平台相结合,通过实体店对客户的产品喜好以及购买数量进行充分了解,制定恰当的产品销售策略,以符合客户的需求,进一步促进电商平台的发展;二是重视客户的消费体验,为其提供便利,实体店与电商平台的互通可以为客户提供线下试用网上选购的优质服务,而且商品供应及时、配送效率较高,使消费者获得更加便捷的购物感受,提高客户的满意度;三是具有价格优势,信誉度高,N公司拥有强大的采购平台,成本较低,定价更能符合客户的求实心理,有利于在提升客户忠诚度的同时吸引新客户,增加客户流量,开拓销售市场;四是能够设身处地为客户考虑,设立商品自提点,而且客户端的应用分为不同的版本,内容丰富,能够使客户享受更加舒适开放的消费过程。对客户目标的实现进一步提升了N公司的市场竞争力。

3. 业务流程层面

提升客户满意度,实现财务目标的一个更加重要的前提是内部业务流程的运作水平的提升,企业内部运营管理需要一套较为完整的价值链体系作为支撑。N公司注重业务创新和服务创新,着力于业务范围的开拓,在零售业务为主的基础上发展物流业务和金融业务,经营的商品类型也由最初的家电产品向日用、百货等方向拓展,并发展B2C电子商务平台,提供线上选购的方式弥补了实体运营中的不足,满足了客户的需求;在内部经营过程中,利用物流运输优势,实现了异地购物和异地配送而且同区域内免费配送的销售模式,部分地区可以享受直接配送到家中服务,而且设置自提网点,有助于发挥将电商平台与实体店结合的优势,为消费者提供便利提高运营效率的同时,也在一定程度上完善了售后服务水平,消费者可以在当地进行商品的维修、退货,实现了售后服务本地化。此外,N公司线上线下相结合的经营模式,使其拥有了更多的消费群体,扩大了销售规模,提升经营业绩。

4. 学习成长层面

一个企业最主要的群体则是企业内部员工,他们直接参与经营并与客户保持联系,因此人员的素质水平直接影响了企业的经营业绩。N公司不断加大对员工的培训方面的投入,与此同时还吸收和培养高素质专业人才,提高企业内部整体运营能力和水平。企业内外部的环境和员工对工资福利的满意程度也是影响员工素质的原因,N公司采取合理有效的激励机制,形成良好的竞争环境,并提高员工的福利待遇,进一步增强员工的业务能力,提高生产效率,以创造出更高的企业价值。

思考与讨论题

(1)说明平衡计分卡包括哪几个维度。

(2)说明平衡计分卡与战略管理之间的关系。

(3)分组讨论引入平衡计分卡的应用成效。

案例 2

S 公司基于经济增加值的业绩评价

S 公司始创于 1958 年，曾经是我国"一五"时期的重点工程。一度为消费者创造服务价值，成为消费者改变生活的全新动力。经过几十年的发展，S 公司经历了多种形式的转变，从经营战略到经营模式，成为集电视、空调、冰箱、IT、通讯、网络等综合的跨国企业，而且企业还在不断研发新的领域，成为同行中少有的强大竞争者。其下有多家控股子公司。企业愿景是成为全球受人尊重的企业，企业使命是创造社会价值。

家电行业增速放缓，行业竞争加剧，近几年 S 公司的发展状况来看，在管理方面存在很大的缺陷，尤其是在非财务指标评价方面缺乏管理，造成资金使用成本的忽视。因此，为了公司的可持续发展，就需要 S 公司提高绩效评价的标准，适应市场行情，开拓更大的市场。

如果 S 公司以经济增加值为核心的业绩评价体系可以弥补现有体系存在的不足，有助于管理层建立以提高企业价值为目标的建立，一定程度上避免了传统业绩评价的风险。

S 公司有关财务数据资料见表 7.1 及表 7.2。

表 7.1　S 公司税后净营业利润调节表

单位：亿元

项目	2014 年	2015 年	2016 年	2017 年
净利润	2.68	-17.25	11.59	6.61
所得税利息费用	2.66	2.84	2.82	2.91
利息费用	6.82	5.27	4.11	4.84
所得税税率	15%	15%	15%	15%
非正常经营损益	3.59	3.08	2.11	0.35
开发费用	1.9	2.15	2.16	3.36
各项准备金余额增加额	6.12	5.45	2.73	3.61
递延所得税贷方余额增加	-0.74	-0.14	0.15	0.12
税后净利润	23.03	1.40	25.67	16.96

表 7.2　S 公司 2014～2017 年财务数据表

项目	2014 年	2015 年	2016 年	2017 年
负债/亿元	407.72	378.14	398.34	445.66
股东权益/亿元	215.12	267.28	192.96	160.65
总资产/亿元	622.84	645.42	591.30	606.31
债务资本成本/%	5.40	5.58	6.00	6.48
权益资本成本/%	10.13	12.08	12.05	13.24
调整后资本/亿元	379.86	316.16	353.51	363.99

思考与讨论题

(1) 根据材料中所给的数据计算 S 公司的加权平均资本成本。
(2) 计算 S 公司的经济增加值。
(3) 讨论经济增加值评价法的特征及优势。
(4) 说明经济增加值评价方法的局限性。

第八章 企业价值及评估方法

本章学习目标
(1) 了解企业价值的内涵,以及企业价值在财务报表分析中的重要作用。
(2) 理解企业价值概念时应注意的事项。
(3) 掌握常见的企业价值分析方法,即收益法、市场法、成本法及期权估价法四种;并对四种方法进行适当的拓展。

第一节 企业价值的内涵及作用

一、企业价值的内涵

(一) 对企业价值理解的代表性观点

企业价值作为人们对企业这一特殊商品的主观评价,若从不同的角度去理解,必然会得出不同的结论。一直以来,对企业价值的理解有如下几种代表性的观点。

1. 市场价值论

市场价值论认为,企业价值是企业作为一种特殊的商品在真正意义的市场上的价格。企业的市场价格即为企业价值,它的大小取决于企业资产量的大小和市场上供给和需求的两种力量的对比。企业资产价值可由企业各单项资产的评估值加总得到;这种观点是经济学均衡价格的典型认识,当企业存在于完善的市场环境中,供给与需求相等时所决定的市场价格就是企业价值。然而,这种观点却忽略了至关重要的一个假设条件,即完善的市场在现实生活中是不存在的。因此,这种观点的现实性不强。

2. 股票价值论

股票价值论认为,企业价值就是企业股票的价格,企业价值的最大化就是企业股票价格的最大化。股票价格代表着投资大众对企业的客观评价,若企业的盈利水平提高,企业价值增加,其股票价格必然上升;反之,则股票价格下降。这种观点存在的不足之处在于,股票价格易受到外界环境、投资者的心理等多种因素的影响,特别是在短期股票市场上,企业股票价格波动较大,不能够真实反映企业的价值量;而对于非上市企业的价值量的评估,易受到评估标准和方式的影响;类比企业不易选取,受主观因素的影响更大,缺乏可操作性,评估结果不易做到真实准确。

3. 未来收益现值法

未来收益现值法认为,企业的价值是由企业的未来获利能力所决定的。企业价值是企业在未来各个时期产生的净现金流量的折现值之和。企业本身就是一个以获利为目的的经济实体,如果失去了获利能力,企业也就无法生存和发展,也就没有了市场价值和交换价值。因此,企业获利能力的强弱直接决定了企业价值的大小。企业价值是由企业未来的获利能力所决定的公开市场的交换价值,这种观点已经成为当今被大多数人所接受的主流观点。

企业价值可以是一种理念,反映企业追求市场把握市场的能力,市场竞争优势的战略意图。企业价值也可以是一种指标,衡量企业在某种经济行为发生时,在所处市场状态下的获利能力。企业价值还可以是企业的社会价值,表明企业为社会创造财富、安排就业、完成资源有效配置的作用的大小。企业价值还可以指企业的经济价值,表明企业通过生产经营活动生产出具有使用价值的产品、实现价值增值的能力,其本质就是把企业这一特殊商品通过一定的经济途径予以货币化表示。

综上所述,企业价值的概念是多角度的,但一般认为在新经济时代,企业价值应当有更丰富的内涵,应该反映新经济时代企业生产要素和生产过程的这种变化,应该成为一个前瞻性的、综合性的概念。在新经济时代,企业的生产要素中包括了更多的智力资本或者人力资本,它们在企业生产经营活动和企业价值的形成过程中起着越来越重要的作用。在知识经济时代,知识已成为生产力的第一要素,企业要想在竞争中取胜,最大限度地实现财务管理目标,就要以长远的战略视角,在人才开发、科研、技术开发和新产品研制等方面投入更多的资金。因此,企业价值的内涵较之传统观念有了很大的区别。

(二)对企业价值理解时需注意的事项

企业价值评估时不但要发挥传统利润等财务指标的作用,更应该重视反映企业竞争优势及可持续发展能力的非财务指标的作用。相对于财务指标这一结果指标而言,非财务指标是一种过程指标,可用来评价为达到某项结果而在实施过程中经理人的各项行为业绩。非财务指标往往是面向未来的,提供了创造未来价值的动因,在评价知识、制度、价值观念等方面更具有优势。从一些较大规模公司的实践上看,自20世纪80年代起,一些跨国公司就已将非财务指标作为业绩评价系统的补充部分。进入20世纪90年代以来,非财务指标融入了企业的财务管理工作后,非财务指标更是起着日益重要的作用。因此,在知识经济时代,企业价值这一概念得到了极大的扩展。考虑到企业的长期竞争优势及可持续发展能力,决定企业价值的不仅仅是当前企业资产的价值,还应包括企业未来的盈利能力、竞争和可持续发展能力。因此,企业价值应该是一个前瞻性的、综合性的概念。

另外,在理解企业价值的概念时要注意以下三点。

1. 只有把企业放在其赖以生存和发展的市场中去分析企业价值才具有意义

价值是表示商品之间的交换关系的一种结果;不发生交换关系的行为也就无所谓价值。同样,企业只有参与市场交换才具有企业价值;只有将企业放在市场上去做一般价值运动,让市场对企业价值作基于市场范围的价值评判才符合市场经济的逻辑规律。同时,只有在充分发展的市场环境中,企业才能与商品一样具有价值的一般形态,企业价值才能真正体现。

2. 企业价值不是企业各单项资产价值之和

企业价值是企业所有要素力量和企业能力的综合体现。企业的经营活动离不开各项资产,包括机器设备、生产场所、流动资产及无形资产等。企业资产价值等于各单项资产价值之和;但企业价值不仅与资产价值有关,还取决于各资产之间的不同组合方式。企业是由各个要素资产围绕着一个共同目标各自发挥功能,按照特定的生产工艺和经营目标有机组合在一起的资产综合体。另外,单一的企业资产价值观也忽略了企业生产过程中最能动、最活跃、能够创造最大效益的人的要素,即企业生产离不开经营者的活动。企业价值除了"物要素"的价值外,还应包括企业所拥有的有关"人要素"的价值。按照系统论的系统整合观点,系统整体一般不等于各组成部分之和,因为系统都具有整合效应,即通常所说的"1+1>2"的效应。企业作为"物要素"与"人要素"的有机组合体,各单项资产价值的总和就难以衡量企业价值量的大小。一般来说,企业价值要大于企业资产的价值,只有这样企业价值才具有经济意义。

3. 企业价值是由企业的获利能力决定的

企业的获利能力包括两部分内容:企业现有基础上的获利能力和潜在的获利能力。企业的获利能力是企业价值的核心组成部分。传统的厂商理论认为,企业是一个将投入转化为产出的组织,企业存在的价值就是盈利,目的就是通过有效的生产运营实现利润的最大化。现代企业理论更多地把企业看作是投资者的契约集合,投资者把资金投入企业,委托企业通过组织各种生产经营活动实现资金的增值。每一位投资者与企业都是契约关系,投资者为企业提供资金,企业则要能够不断为投资者创造满意的回报,即企业价值的增值。

二、企业价值的作用

随着我国市场经济的发展以及加入WTO后与国际市场的接轨,企业价值以及对企业价值的管理也引起了我国各级各类管理层的重视。企业为了生存和发展,必须提升原有价值,不断创造并培育新价值。企业价值创造对企业的生存与发展具有重要的现实意义。

例8.1 某公司2017年每股息前税后利润15元,每股折旧与长期资产摊销25元,每股资本支出30元,该年比上年营运资本每股增加2元,每股债权人现金流量2元。预计公司在未来将持续保持10%的自由现金流量增长率。该公司的股权资本成本为15%。若当前股票市价为每股25元,是否值得购买该股票?

分析过程如下所示。

每股股权自由现金流量=每股息前税后利润+每股折旧摊销-每股营运资本增加
　　　　　　　　　　-每股资本支出-每股债权人现金流量
　　　　　　　　　　=15+25-2-30-2
　　　　　　　　　　=6(元)

每股价值=6×(1+10%)/(15%-10%)=132(元)

显然,该股票被市场高估,不应该买入。

第二节　企业价值评估方法

企业价值评估方法是企业价值评估的核心问题。不同评估方法的选择直接影响企业价值评估的结果及市场交易的实施。以下将介绍企业价值评估的常见方法,包括收益法、市场法、成本法及期权估价法四种。

一、收益法

根据2017年中国资产评估协会修订的《资产评估准则——企业价值》的规定,企业价值评估中的收益法,是指将预期收益资本化或者折现,确定评估对象价值的评估方法。

收益法这种评估评估方法遵循的是"现值"规律,即所有资产的价值等于其预期未来全部收益的现值总和。从收益法的基本思路出发,可知企业的价值取决于预期收益、收益的预测期以及与收益相对应的风险三个要素。

收益法中的预期收益可以用现金流量、各种形式的利润(包括会计利润和经济利润)或现金红利等口径表示。这样以预期收益为划分标准,收益法具体又包括现金流量折现法、EVA折现法、股利折现法等类型。选择以何种形式作为收益法中的企业收益,直接影响企业价值的最终分析结果。为此,评估人员应该根据评估项目的具体情况选择恰当的收益口径。在对收益进行预测的同时,评估人员还应当根据被评估企业的经营状况和发展前景以及被评估企业所在行业现状及发展前景,合理确定收益预测期间,并恰当考虑预测期后的收益情况以及相关终值的计算。在对企业的收益进行合理的预测后,还需要选择合适的折现率。由于不确定性的客观存在,对企业未来收益的风险进行判断至关重要。能否对企业未来收益的风险做出恰当的判断,从而选择合适的折现率,对企业价值的最终评估结果同样具有较大影响。

收益法常用的具体方法包括股利折现法及现金流量折现法。

收益法能客观地反映投资者的投资观念,充分地体现企业价值评估的评价功能,但是存在着不易合理反映经营效益较差或业绩不稳定企业的价值。由于收益法的参数值预测难度较大,再加上目前评估人员的专业水平受限,难以完全符合收益法的专业要求,所以相应的评估机构和评估人员承担的风险也较大。

例8.2 已知甲公司预测期权资本成本为12%,债务资本成本为5%,预测期平均资本结构为权益资本50%、债务资本40%,后续期权益资本成本为10%,债务资本成本不变,后续期平均资本结构为权益资本70%、债务资本35%。该公司从第11年开始进入稳定增长期,增长率为3.5%;计算结果见表8.1。

表8.1 甲公司的公司价值计算表

单位:万元

年度 项目	5(现在)	6	7	8	9	10	11
公司自由现金流量	110	130	126	135	118	143	350
折现系数/8%		0.925 9	0.857 3	0.793 8	0.735	0.680 6	
加权平均资本成本/%		8	8	8	8	8	8.8
每期现金流量现值		120.37	108.02	107.16	86.73	97.33	
预测期公司价值	519.61						

续表8.1

项目 \ 年度	5(现在)	6	7	8	9	10	11
后续期公司价值	4 494.53						
公司价值合计	5 014.14						

表8.1中的数据计算说明如下:
(1)预测期使用的折现率(加权平均资本成本)=12%×50%+5%×40%=8%;
后续期使用的折现率(加权平均资本成本)=10%×70%+5%×35%=8.8%;
现值系数=$1/(1+i)^n$。
(2)预测期现金流量现值=∑(公司自由现金流量×折现率为8%的复利现值系数)。
(3)后续期现金流量现值=$\dfrac{后续期第一年自由现金流量}{加权平均资本成本-永续增长率}$

× 折现率为8%的复利现值系数
=350÷(8.8%-3.5%)×0.6806
≈4 494.53(万元)。

(4)公司价值=516.61+4 494.53=5 014.14(万元)。

二、市场法

根据2017年中国资产评估协会修订的《资产评估准则——企业价值》的规定,企业价值评估中的市场法,是指将评估对象与可比上市公司或者可比交易案例进行比较,确定评估对象价值的评估方法。市场法常用的两种具体方法是上市公司比较法和交易案例比较法。

从理论上看,价格是价值的货币表现。企业股票价格的高低与企业的收益、销售额和资产账面价值等都直接相关,企业价值或股东价值往往可通过企业股票价格来体现。因此,企业价值可表现为价格比(也可以叫价值比率、价格乘数)与相关因素的乘积,用公式为

$$企业价值=价格比 × 相关价格比基数 \tag{8.1}$$

因此,市场法也通常被称为基于价格比率的企业价值评估方法。在实践中,由于企业之间存在个体差异和交易案例的差异,而且该种方法需要一个较为完善的发达的证券交易市场和产权交易市场,有足够数量的上市公司或者足够数量的并购案例,因此,市场法在我国企业价值评估实务中的使用受到了一定的限制。

三、成本法

根据2017年中国资产评估协会修订的《资产评估准则——企业价值》的规定,企业价值评估中的成本法,也叫资产基础法,是指以被评估企业评估基准日的资产负债表为基础,合理评估企业表内及表外各项资产、负债价值,确定评估对象价值的评估方法。

成本法的理论基础是"替代原则",即一个理性的潜在投资者在购置一项资产时所愿

意支付的价格不会超过建造一项与所购资产具有相同用途的替代品所需的成本。该方法的具体做法就是分别求出企业各项资产的评估值并累加求和,再扣减负债评估值,最终得出企业净资产评估值。

由于成本法应用简便,与我国国有企业的现实情况相适应,各项资产的评估结果易于及时验证,对评估人员财务分析能力的要求不高,评估机构和评估人员承担的风险相对较小,所以成为我国企业价值评估实践中最主要的评估方法,被广泛用于企业改制和股份制改造实务。

当然,成本法也有其不足之处。成本法在企业价值评估中的着眼点是成本,很少考虑企业的收益和支出,这就导致人们忽视了企业的持续获利能力,无法充分体现企业价值评估的评价功能,从而不利于企业价值评估方法的改进和完善。

四、期权估价法

企业在发展的过程中由于其拥有一定的人力、物力、财力、技术等资源,会面临许多投资机会或选择。这些投资机会或选择是有价值的,其对于准确、完整地估算某一时点企业的价值具有重要意义。

然而,众多的价值评估方法都无法反映这些与投资机会或选择权的价值,即忽略了企业拥有的期权价值,导致企业价值的低估。鉴于此,可以利用期权思想进行识别,找出其中存在的期权,并且用期权方法进行评估,从而弥补这一不足。20世纪70年代以后发展起来的期权估价法是在期权定价理论的基础上,充分考虑了企业在未来经营中存在的投资机会或拥有的选择权的价值,进而评估企业价值的一种方法。本质上,期权是金融学的一个概念,是指其持有人在规定的时间内按约定的价格买卖某项财产或物品的权利。按照期权定价理论的观点,期权是有价值的,因此期权价值的确定是期权估价法的难点,也是其核心。

成本法、市场法及收益法不仅在国际上而且在我国均得到了广泛的应用。而期权估计法充分考虑了企业在未来经营中存在的投资机会或拥有的选择权价值,能够有效弥补传统评估方法的不足,因此也成为传统评估方法以外的一种重要补充。

从总体上看,价值评估方法可以分为市场法、收益法、成本法和期权估价法四种基本类型,如图8.1所示。

评估人员在进行企业价值评估业务时,应该根据评估对象、价值类型、资料收集情况等相关条件,分析上述基本方法类型的适用性,恰当选择一种或者多种基本方法。

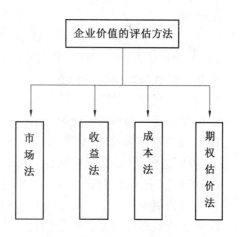

图8.1 企业价值的评估方法

本章小结

企业价值也会带有明显的主观色彩,即使是同一企业,由于主体需要、偏好及判断能力不同,也会呈现出对企业价值的不同理解。对企业价值的理解,一般认为存在着主要的三种观点,即市场价值论、股票价值论以及未来收益现值法;这些观点认识视角不同,强调的重点亦不相同,对其的理解应注意一些问题。

企业价值评估方法是企业价值评估的核心问题。不同评估方法的选择直接影响企业价值评估的结果及市场交易的实施。

第八章章后习题

一、单项选择题

(1)企业的价值是由( )决定的。
A.企业未来现金流量　　　B.前景预测
C.企业的获利能力　　　　D.企业的发展能力

(2)企业价值评估的方法有( )。
A.期权估价法　　　　　　B.经营损益预警模型
C.经营安全预警模型　　　D.资金协调性预警模型

(3)( )是企业价值评估评估中除传统方法以外的重要补充方法。
A.收益法　　　　　　　　B.市场法
C.成本法　　　　　　　　D.期权估价法

(4)企业价值评估模型是将预期自由现金流量根据( )进行折现。
A.负债　　　　　　　　　B.息税前利润
C.资本加权平均成本　　　D.每股市价

(5)下列评估方法中不属于折现法的是( )。
A.以会计收益为基础的价值评估
B.以经济利润为基础的价值评估
C.以现金流量为基础的价值评估
D.以价格比为基础的价值评估

二、多项选择题(备选项中至少有两个选项是正确的)

(1)长期以来,人们对企业价值的理解主要有以下哪几种观点( )。
A.市场价值论　　B.企业内部价值论　　C.股票价值论
D.未来收益现值法　　E.契约论

(2)企业价值的评估方法有( )。
A.市场法　　　　B.收益法　　　　C.成本法
D.期权估价法　　E.经济利润法

(3)评估人员在进行企业价值评估业务时应根据( )相关条件分析其类型的适用

性。

  A. 评估对象   B. 价值类型   C. 价值大小
  D. 资料收集情况   E. 评估人员素质
（4）收益法包括(　　)。
  A. 现金流量折现法   B. EVA 折现法   C. 股利折现法
  D. 经营安全预警模型   E. 经济利润法

三、判断并说明理由题（在括号中以√或×表示判断结果，并在次行说明理由）

（1）企业的价值取决于预期收益、收益的预测期以及与收益相对应的风险等三个要素。(　　)

（2）企业的价值就是当前企业资产的价值。(　　)

（3）市场法是我国企业价值评估实践中最主要的评估方法。(　　)

（4）收益法能客观地反映投资者的投资观念，充分地体现企业价值评估的评价功能。(　　)

（5）成本法对评估人员财务分析能力的要求不高。(　　)

四、思考探究题

（1）什么是企业价值？依据自己的理解请加以阐述。
（2）企业价值评估的常见方法包括哪几种？请论述各自的优缺点及适用范围。
（3）请查阅还有哪些较为前沿的企业价值评估方法。

五、案例分析题

W 公司价值探讨

  W 公司是以五粮液及其系列酒的生产经营为主，现代制造业、现代工业包装、光电玻璃、现代物流、橡胶制品、现代制药等产业多元发展，具有深厚企业文化的特大型现代企业集团。公司不仅已经成为全球规模最大、生态环境最佳、五种粮食发酵、品质最优、古老与现代完美结合的酿酒圣地，而且在成套小汽车模具、大中小高精尖注射和冲压模具、精密塑胶制品、循环经济、电子等诸多领域，占领科技高端，形成了突出优势。公司下属5 个子集团公司、12 个子公司，占地10 平方公里，现有职工30 000 人。2011 年实现销售收入487.12 亿元，同比增长20.68%。其中，酒业白酒产销实现历史新突破，形成了核心产品

财务报表分析

"量价齐升"、系列酒销量大幅度增长的良好发展格局,五粮液及系列酒销售继续保持行业第一、出口创汇行业第一。"2011 中国最有价值品牌"报告显示,2011 年 W 公司品牌价值较 2010 年的 526.16 亿元增长了 60.1 亿元,增幅高达 11.4%,综合排名上升至全国前列。

W 公司质量规模效益为工作中心,成功实施了阶段性战略突破和高速发展,使公司已经具备了年酿造五粮液及其系列酒 40 多万吨的生产能力和年包装各类成品酒 40 多万吨的配套生产能力。同时,还以其开发的多种优质产品,开拓了海外市场。

根据下表 8.2 所给的财务数据分析 W 公司的价值。

表 8.2 W 公司合并资产负债表

单位:万元

项目	2014 年	2015 年	2016 年	2017 年
流动资产				
货币资金	2 238 210.66	2 637 419.02	3 466 591.78	4 059 180.34
应收票据	736 942.29	866 533.93	957 909.82	1 118 820.05
应收账款	12 294.77	10 695.30	10 770.28	10 956.95
预付款项	29 815.57	33 213.00	27 164.98	19 805.84
其他应收款	1 956.01	1 943.63	1 878.30	2 113.13
存货	809 148.87	870 085.12	925 736.94	1 055 780.15
其他流动资产	21 639.92	39 851.12	60 401.91	61 313.65
流动资产合计	3 850 008.09	4 459 741.12	5 450 454.01	6 327 970.11
非流动资产				
可供出售金融资产	120.00	120.00	120.00	120.00
长期股权投资	86 786.49	90 200.95	79 464.31	86 285.40
固定资产	567 648.23	534 754.99	543 108.57	529 258.34
在建工程	38 453.37	55 477.13	29 288.18	27 165.38
无形资产	42 157.36	41 169.07	40 244.55	39 936.24
商誉	162.16	162.16	162.16	162.16
递延所得税资产	50 306.19	63 998.06	61 799.68	67 987.31
其他非流动资产	5 245.17	9 040.01	12 799.2	13 377.73
非流动资产合计	790 878.97	794 922.37	766 986.65	764 292.56
资产总计	4 640 887.07	5 254 663.49	6 217 440.66	7 092 262.67
流动负债				
短期借款	—	—	—	—
应付票据	8 544.94	20 606.05	32 747.47	62 966.85

续表8.2

项目	2014年	2015年	2016年	2017年
应付账款	64 704.31	105 824.71	217 128.76	313 791.56
预收款项	85 811.10	199 393.41	629 868.03	464 572.18
应付职工薪酬	227 226.08	238 705.03	227 394.85	256 657.56
应交税费	109 797.93	104 240.09	109 186.78	264 472.60
应付利息	—	—	—	—
其他应付款	96 409.73	127 992.41	152 462.78	234 342.17
一年内到期的非流动负债	—	—	—	—
其他流动负债				
流动负债合计	592 494.08	796 761.69	1 368 788.66	1 596 802.91
非流动负债				
长期借款	—	—	—	—
递延所得税负债				
其他非流动负债	15 084.94	23 385.71	28 066.07	28 027.19
非流动负债合计	15 084.94	23 385.71	28 066.07	28 027.19
负债合计	607 579.02	820 147.40	1 396 854.74	1 624 830.10
股东权益				
股本	379 596.67	379 596.67	379 596.67	379 596.67
资本公积	95 320.35	95 320.35	95 325.58	95 325.58
其他综合收益	—	—	—	—
盈余公积	707 000.51	817 244.06	935 202.91	1 090 957.67
一般风险准备	—	—	—	—
未分配利润	2 761 120.31	3 040 730.67	3 297 547.82	3 767 528.20
归属于母公司所有者权益合计	3 943 037.83	4 332 891.76	4 707 672.97	5 333 408.12
少数股东权益	90 270.21	101 624.34	112 912.95	134 024.45
所有者权益合计	4 033 308.04	4 434 516.10	4 820 585.92	5 467 432.56
负债及所有者权益合计	4 640 887.07	5 254 663.49	6 217 440.66	7 092 262.67

表8.3　W公司合并利润表

单位:万元

项目	2014年	2015年	2016年	2017年
一、营业总收入	2 101 149.15	2 165 928.74	2 454 379.27	3 018 678.04
其中:营业收入	2 101 149.15	2 165 928.74	2 454 379.27	3 018 678.04

续表8.3

项目	2014年	2015年	2016年	2017年
二、营业总成本	1 299 357.77	1 344 719.45	1 534 001.04	1 695 432.97
其中：营业成本	577 202.94	667 196.33	731 425.25	845 008.73
营业税金及附加	151 723.64	178 467.57	194 117.45	349 469.61
销售费用	430 889.74	356 806.14	469 454.51	362 539.79
管理费用	204 702.85	212 880.57	214 370.34	226 902.47
财务费用	-65 777.56	-73 211.14	-76 586.41	-89 050.59
资产减值损失	616.15	2 580.00	1 219.90	562.96
投资收益（损失以"—"号填列）	1 448.75	3 414.46	3 342.88	6 821.09
三、营业利润（亏损以"—"号填列）	803 240.14	824 623.74	923 721.11	1 337 453.52
加：营业外收入	5 994.46	6 615.73	11 891.50	4 513.00
减：营业外支出	7 642.98	2 490.07	1 871.54	2 797.70
四、利润总额（亏损总额以"—"号填列）	801 591.61	828 749.40	933 741.07	1 339 168.82
减：所得税费用	195 770.12	187 700.96	228 064.51	330 571.90
五、净利润（净亏损以"—"号填列）	605 821.50	641 048.43	705 676.56	1 008 596.92
归属于母公司所有者的净利润	583 491.53	617 611.93	678 453.33	967 372.15
少数股东损益	22 329.97	23 436.51	27 223.23	41 224.77
六、每股收益				
（一）基本每股收益	1.537 0	1.627 0	1.787 0	2.548 0
（二）稀释每股收益	1.537 0	1.627 0	1.787 0	2.548 0

表8.4 W公司合并现金流量表

单位：万元

项目	2014年	2015年	2016年	2017年
一、经营活动产生的现金流量				
销售商品、提供劳务收到的现金	2 023 532.57	2 608 448.55	3 304 481.92	3 575 361.95
收到的税费返还	1 842.02	1 491.45	3 516.20	5 015.18
收到其他与经营活动有关的现金	93 854.65	69 287.34	85 482.56	127 165.08
经营活动现金流入小计	2 119 229.24	2 679 227.34	3 393 480.68	3 707 542.21

续表8.4

项目	2014 年	2015 年	2016 年	2017 年
购买商品、接受劳务支付的现金	804 061.55	860 225.64	956 596.00	1 262 309.94
支付给职工以及为职工支付的现金	284 989.69	287 497.88	319 874.70	349 459.85
支付的各项税费	727 334.22	666 046.82	727 609.79	910 223.59
支付其他与经营活动有关的现金	223 387.22	196 350.15	219 724.13	208 931.26
经营活动现金流出小计	2 039 772.68	2 010 120.50	2 223 804.62	2 730 924.63
经营活动产生的现金流量净额	79 456.56	669 106.84	1 169 676.06	976 617.58
二、投资活动产生的现金流量				
收回投资收到的现金	—	—	10 781.35	—
取得投资收益收到的现金	—	—	3 600.00	—
处置固定资产、无形资产和其他长期资产收回的现金净额	3 047.59	104.42	535.36	1 517.76
收到其他与投资活动有关的现金				
投资活动现金流入小计	3 047.59	104.42	14 916.72	1 517.76
购建固定资产、无形资产和其他长期资产支付的现金	41 100.46	39 521.85	30 733.78	21 605.89
投资所支付的现金	73 400.00	—	800.00	—
取得子公司及其他营业单位支付的现金净额	7 200.97	—	−491.13	—
支付其他与投资活动有关的现金				
投资活动现金流出小计	121 701.43	39 521.85	31 042.65	21 605.89
投资活动产生的现金流量净额	−118 653.85	−39 417.43	−16 125.93	−20 088.13
三、筹资活动产生的现金流量				
吸收投资收到的现金	600.00	5 900.00	1 595.23	—
其中:子公司吸收少数股东投资收到的现金	600.00	5 900.00	1 590.00	—
取得借款收到的现金	—	—	—	—
发行债券收到的现金	—	—	—	—
收到其他与筹资活动有关的现金	—	4 349.08	213.98	49 104.72
筹资活动现金流入小计	600.00	10 249.08	1 809.20	49 104.72
偿还债务支付的现金	—	—	—	—

续表8.4

项目	2014 年	2015 年	2016 年	2017 年
分配股利和利润或偿还利息支付的现金	299 527.56	245 740.38	321 201.96	361 750.28
其中:子公司支付少数股东的股利和利润	33 809.89	17 982.38	17 524.62	20 113.27
支付其他与筹资活动有关的现金	—	—	—	51 278.75
筹资活动现金流出小计	299 527.56	245 740.38	321 201.96	413 029.03
筹资活动产生的现金流量净额	−298 927.56	−235 491.30	−319 392.76	−363 924.31
四、汇率变动对现金及现金等价物的影响	−14.03	10.25	15.40	−16.58
五、现金及现金等价物净增加额	−338 138.87	394 208.36	834 172.77	592 588.56
加:期初现金及现金等价物余额	2 576 349.53	2 238 210.66	2 632 419.02	3 466 591.78
六、期末现金及现金等价物余额	2 238 210.66	2 632 419.02	3 466 591.78	4 059 180.34

表8.5 W公司股利发放情况表

单位:万元

项目	2014 年	2015 年	2016 年	2017 年
每股股利	0.6	0.8	0.9	1.3

思考与讨论题

(1)结合现金流量分析 W 公司的综合财务状况,并定性评价其价值。

(2)W 公司预收账款确认对公司价值评估会产生什么影响?

(3)请阐述财务报表分析在公司价值评估中的作用。

参考文献

[1] 陈力农. 公司分析与价值评估[M]. 上海:上海财经大学出版社,2008.
[2] 张先治,陈友邦. 财务分析[M]. 大连:东北财经大学出版社,2007.
[3] 姜国华. 财务报表分析与证券投资[M]. 北京:北京大学出版社,2008.
[4] 岳虹. 财务报表分析[M]. 北京:中国人民大学出版社,2009.
[5] 陆正飞. 财务报告与分析[M]. 北京:北京大学出版社,2009.
[6] 王耀辉. 新会计准则下的上市公司财务报表分析[M]. 长春:吉林人民出版社,2009.
[7] 景小勇. 上市公司财务报表解读[M]. 北京:机械工业出版社,2011.
[8] 张新民,钱爱民. 财务报表分析[M]. 北京:中国人民大学出版社,2011.
[9] 王化成,支晓强,王建英. 财务报表分析[M]. 7 版. 北京:中国人民大学出版社,2014.
[10] 弗里德森. 财务报表分析[M]. 刘婷,译. 4 版. 北京:中国人民大学出版社,2016.
[11] 袁淳. 财务报表分析[M]. 北京:中国财政经济出版社,2008.
[12] 袁淳,张新玲. 财务报表分析[M]. 大连:东北财经大学出版社,2010.
[13] 希金斯. 财务管理分析[M]. 6 版. 北京:北京大学出版社,2003.
[14] 科普兰. 价值评估——公司价值的衡量与管理[M]. 3 版. 北京:电子工业出版社,2002.
[15] 张新民,钱爱民. 财务报告解读与分析[M]. 北京:电子工业出版社,2012.